W0473377

Avant-propos

Encore un livre sur le compagnonnage ! Oui, mais pour la première fois, il est consacré aux Compagnons du Devoir d'aujourd'hui et raconte qui ils sont, ce qu'ils font, comment ils le font et d'où ils viennent, le tout avec des explications claires et des mots simples.
De nombreux auteurs se sont intéressés au compagnonnage, mais jamais encore les Compagnons du Devoir n'avaient pris eux-mêmes le temps de raconter leur Association.
Cet opuscule n'a d'autre prétention que celle de délivrer une information rapide, claire et précise. Les Compagnons du Devoir espèrent qu'il sera le point de départ de belles rencontres entre eux et les jeunes, leurs parents, les chefs d'entreprises, les professionnels de la formation et de l'orientation, et tous ceux qui s'intéressent à leurs actions.
Pour tous, ce petit livre est l'occasion de saisir comment l'Association est un moyen de trouver sa voie, partager sa vie et ses expériences, accueillir, se trouver et se retrouver, s'épanouir et grandir.

Tout **savoir** *sur...*

Sommaire

I. Nos objectifs, nos valeurs, notre organisation

II. Nos métiers

Sommaire

Tout savoir sur...

... Nos objectifs, nos valeurs, notre organisation

Qui sommes-nous ?

Les Compagnons du Devoir et du Tour de France

Une association d'hommes et de femmes de métier

Les Compagnons du Devoir et du Tour de France ou, plus précisément, l'Association ouvrière des Compagnons du Devoir et du Tour de France, association (type loi 1901) reconnue d'utilité publique, se mobilise dans l'intérêt des jeunes et des métiers. Elle regroupe des hommes et des femmes itinérants et sédentaires. C'est cette diversité et ces expériences professionnelles multiples qui participent au succès des Compagnons depuis leur création au Moyen-Âge !

" Ni se servir, ni s'asservir, mais servir"

Cet adage des Compagnons du Devoir et du Tour de France résume parfaitement leur philosophie. Chacun apporte sa pierre à l'édifice pour aider l'autre à s'accomplir dans son métier et dans sa vie. Et cela passe en premier par la transmission de savoir-faire. Un Compagnon expérimenté s'applique à faire connaître, à transmettre aux plus jeunes les techniques et les gestes qu'il a lui-même reçus des Anciens. Dans un second temps, il s'agit de partager des savoir-être, des comportements, des façons de vivre, utiles tant dans l'exercice de sa profession que dans sa vie de citoyen. Respect, ouverture, responsabilité, fraternité : ce sont quelques-unes des valeurs inculquées par les Compagnons.

Nos valeurs

Qu'est-ce qu'un Compagnon ?

« Ni se servir, ni s'asservir, mais servir ». C'est par ce noble aphorisme que les Compagnons aiment définir leur éthique ! Et quiconque les connaît peut confirmer qu'il résume bien à la fois état, esprit et actions. Leur dénomination usuelle « Compagnons du Devoir du Tour de France » synthétise bien elle aussi ce qu'ils sont. Ils sont d'abord Compagnons. L'étymologie dit que compagnon vient de *cum,* avec, et de *panis,* pain. Dans l'Antiquité, le Compagnon était celui avec qui l'on partageait la tente ou le logis. Puis ce sens s'est perdu pour désigner celui avec qui l'on partage l'activité. De nos jours, il désigne surtout celui qui accompagne. Le Compagnon est donc celui qui partage et accompagne.

Et le Devoir ?

Depuis la nuit des temps, les Compagnons ont un devoir essentiel : c'est l'obligation librement acceptée de transmettre. Autrefois, l'appellation Compagnon n'était d'ailleurs pas en usage et à propos de ces hommes, on parlait volontiers des « Devoirants ». Cette appellation mettait bien en évidence la notion du devoir de transmission. Il y a dans la transmission un aspect magique car elle permet de donner et de partager sans se démunir. Sans la transmission, nous serions toujours à l'âge de la pierre taillée. C'est une donnée essentielle, source de vie, de développement et d'avenir. Le Compagnon se donne pour devoir de transmettre, non seulement son savoir-faire, mais aussi son savoir-être. Car si le métier est important, il n'y a pas que cela. La façon d'être et de se comporter au milieu des autres, dans le métier ou ailleurs, est aussi très importante. Un savoir-être, parce que le Compagnon aspire à être beaucoup plus qu'un bon ouvrier : il voudrait vivre en

« homme bon », en être humain fraternel, ouvert aux autres. Transmettre est donc une manière d'aimer : aimer ce que l'on transmet et aimer celui à qui l'on transmet. Il faut avoir envie de connaître et de faire confiance !
Bref, au-delà du métier qui n'est pas une finalité mais bien plutôt un moyen, la vie d'un Compagnon témoigne d'un sens profond de l'essentiel pour ceux dont il croise la route. Si transmission et partage sont les deux valeurs fondamentales des Compagnons du Devoir, quelques autres valeurs valent bien qu'on tente de les décrire en quelques lignes : le métier, le voyage, l'accueil, la communauté, l'initiation et le chef-d'œuvre.

Le métier

Le métier donne une position et une reconnaissance sociale. Il façonne l'homme. Pour évoquer un homme, on associe souvent son métier à son nom : « le mécanicien Bertrand Lahaye », ou « Dominique Gentil, le tailleur de pierre », ou bien encore « Callac, tu sais bien, le menuisier ! »
Pour les Compagnons, le métier ne se limite pas à un savoir-faire, c'est une culture, une manière d'être. Un métier, c'est une histoire, des hommes, un langage, des écrits, des ouvrages laissés par les Anciens. Un métier, c'est aussi une fonction, des techniques, des outils, des machines, des matériaux, un environnement social et économique. L'homme de métier sait maîtriser ces données et est capable de les mettre en œuvre, tout autant qu'il peut accompagner les évolutions et les mutations de son métier. Posséder un métier est une forme de liberté.

Le voyage

« Le monde est un livre, et celui qui n'a pas voyagé n'en a lu qu'une seule page ». Depuis toujours, le Compagnon est associé au voyage et au Tour de France. Si le Compagnon voyage, et aujourd'hui bien souvent hors métropole, c'est que le voyage est un passage nécessaire et un vecteur déterminant dans la construction d'un homme. Il donne l'occasion de se remettre en cause et d'abandonner ses certitudes. En ce sens, le voyage est un peu une école d'humilité. En soi, ce n'est pas le lieu de destination qui est important, mais bien le voyage. Et dans le voyage qui est mobilité, rien ne vaut l'étape : arriver dans une nouvelle ville, c'est devoir trouver d'autres repères, c'est être obligé d'aller vers les autres, de faire des efforts de communication qui seront d'autant plus nécessaires que l'on se trouve loin de ses racines. À l'étape, exercer son métier, c'est la nécessité de s'intégrer dans une nouvelle entreprise, une nouvelle communauté, une nouvelle cité. C'est donc une façon d'apprendre. Dans le sens compagnonnique, voyager, c'est non seulement laisser ses certitudes et son confort, mais aussi ceux que l'on aime pour le temps du voyage. Voyager, c'est enrichir son histoire au point d'en être fier et de la partager. Mais voyager, c'est surtout pour chacun l'occasion de revenir à l'essentiel de son rôle et de sa place, de trouver son propre chemin.

L'accueil

Le voyageur vit pleinement son voyage quand il sait qu'il sera attendu à sa prochaine étape. Le Compagnon - ou le Compagnon en devenir - est un voyageur. Il trouve sur son Tour de France des lieux d'accueil que sont les Maisons de Compagnons : il peut s'y nourrir et s'y loger. Parfois, au gré de son périple, il peut aussi être logé

chez l'habitant. Accueillir le nouvel arrivant, c'est favoriser son intégration au sein du groupe existant, c'est être attentif à lui afin qu'il se sente vraiment comme chez lui.
Cette volonté d'accueillir se traduit par des choses simples : dire « bonjour », « merci », ou encore partager le repas. C'est aussi la volonté de connaître l'autre au point de se découvrir des centres d'intérêts communs. C'est aussi la possibilité de rencontrer des hommes d'origines, de métiers, de cultures, de régions et de milieux sociaux différents. L'accueil est un esprit d'ouverture qui consiste à aller vers l'autre, le rencontrer et ainsi éviter l'enfermement sur soi, ce qui engendrerait l'égoïsme.

L'accueil peut être considéré du point de vue matériel, mais il doit aussi et surtout être envisagé du point de vue de sa dimension humaine. Depuis toujours, l'accueil est une valeur fondamentale du compagnonnage. Le voyage et la transmission n'auraient pas été possibles sans cette notion d'accueil, qui restera tout aussi primordiale demain. Être bien accueilli, c'est rapidement apprendre à accueillir les autres. Accueillir, c'est faire confiance.

La communauté

Être membre de l'Association ouvrière des Compagnons du Devoir, c'est être membre d'une communauté. Cette communauté peut se comparer à une famille dont les singularités et les différences de chaque membre font l'unité et la richesse : chacun est unique et participe cependant avec ses particularités à l'intérêt commun.
Afin d'assurer sa pérennité, la communauté reste constamment ouverte à l'arrivée de nouveaux membres. Elle est un lien entre les différentes générations, les différents métiers, les différentes origines. Pour les apprentis, les Aspirants et les Compagnons,

les itinérants ou les sédentaires qui, autour de la Mère et du Prévôt, composent la communauté, elle est un repère où chacun peut trouver sa voie et donc s'épanouir. Sauf volonté de sa part, aucun membre de la communauté n'est isolé. La communauté dont il fait partie le prend en charge, l'incite à la rencontre, au partage et à la participation. Dans la communauté des Compagnons, chaque individu a une place, quel qu'il soit. Chacun est un maillon de la chaîne et la solidité de celle-ci tient à la force de chacun !

L'initiation

L'initiation permet à chacun de trouver son propre chemin, en lui rappelant ou en lui apprenant qu'il y a quelques principes de base à respecter tout au long de la vie afin de poursuivre sa propre construction, son propre épanouissement personnel. Les lois de la nature, et tout ce qui peut permettre le respect des autres et de soi-même, en sont les bases. L'initiation est l'occasion de moments communautaires et festifs au sein de la vie du jeune itinérant : l'Adoption et la Réception. C'est lors de ces cérémonies que sont rappelés ces principes de vie qui doivent se transformer en une façon d'être. Pour marquer la mémoire de l'initié, les Compagnons utilisent des symboles à la fois simples et forts : ils figurent sur la couleur de chaque Compagnon, attestent de son état et lui rappellent les valeurs qu'il est invité à vivre.

L'initiation est donc une progression associant l'être au métier, au voyage, à la communauté puis à la cité, qui façonne peu à peu le jeune itinérant en Compagnon, en l'invitant à se construire toute sa vie durant.

Le travail de Réception

Le voyage permet d'accumuler des expériences professionnelles et humaines puis d'en tirer la connaissance. Sur le plan du métier, au moment de devenir Compagnon, la connaissance se mesure dans la réalisation d'un travail de Réception, appelé à tort « chef-d'œuvre » : cet ouvrage n'est pas une fin en soi, mais bien plutôt un regard porté sur une étape du parcours. Car, outre la valeur technique de la conception et de la réalisation selon les principes de base du métier, ce qui importe dans ce travail, c'est le comportement de l'homme face aux difficultés : le jeune est considéré à travers son œuvre et le chemin suivi pour l'accomplir. Si elle est réalisée pour le seul intérêt personnel et la vanité, la plus belle œuvre laisse les Compagnons indifférents et distants envers celui qui l'a réalisée... Cette réalisation est un moyen de mettre les plus jeunes sur la voie du progrès et du travail bien fait ; c'est un vecteur de transmission. Le travail de Réception est l'expression matérielle de la compétence, du dépassement et du don de soi.

Voilà donc résumées en quelques pages les valeurs auxquelles les Compagnons du Devoir sont attachés. Le lecteur trouvera dans les chapitres suivants tout ce qui concerne la vie du Tour de France. Mais avant cela, voyons quelles sont les ambitions et l'organisation des Compagnons du Devoir.

Les objectifs des Compagnons du Devoir

Les Compagnons du Devoir sont réunis en une association de type loi 1901. Elle porte le nom d'Association ouvrière des Compagnons du Devoir et du Tour de France (AOCDTF). Cette association est « reconnue d'utilité publique », c'est-à-dire qu'il est officiellement reconnu que les Compagnons du Devoir sont capables de se mobiliser pour une cause d'intérêt général. Cette cause est celle du devenir des jeunes et des métiers.

Les Compagnons du Devoir se sont donné pour but :

- De proposer une information au public sur leurs métiers et les formations qu'ils dispensent ;
- D'accueillir des jeunes, de les aider dans leurs recherches et de les accompagner dans leur progression et leur insertion sociale ;
- De dispenser de la formation professionnelle par l'apprentissage et le perfectionnement, mais aussi tout au long de la vie professionnelle, dans une démarche de transmission des connaissances et des savoir-faire ;
- De favoriser l'épanouissement personnel, culturel et professionnel de ses membres, par la pratique d'un métier et par le voyage, associés tout au long de la vie à une ouverture culturelle, dans un partage fraternel ;
- De réfléchir sur le devenir des métiers et de produire des documents techniques, au service de la formation et de la mémoire des métiers et des hommes.

Notre organisation

Une organisation de métiers

Les métiers présents dans les Maisons le sont en fonction des opportunités locales d'emplois : elles doivent permettre de réunir plusieurs Compagnons d'un même métier. Tous les métiers des Compagnons ne sont donc jamais présents dans une même Maison : tout au plus une quinzaine, souvent sept ou huit. Dans une prévôté, un Compagnon bénévole représente son métier ; selon son métier, il est appelé généralement maître de métier.
Chaque corps de métier est représenté au niveau national par un Compagnon bénévole, élu par ses pairs, appelé Délégué au Collège des métiers.

Une organisation géographique

À l'échelon régional, que l'on appelle chez les Compagnons province, un Compagnon bénévole, le Provincial, est élu par les Compagnons de la province pour les représenter. Il exerce un rôle de réflexion, de proposition, d'information et d'animation de la vie du compagnonnage. Dans chaque province, un Compagnon salarié, le Délégué régional, veille à l'exécution des décisions et dirige l'ensemble des actions.
Une province comprend plusieurs Maisons appelées aussi prévôtés. Un Prévôt veille au bon fonctionnement de chacune d'entre elles. C'est un Compagnon âgé de 23 à 30 ans qui vient d'achever son Tour de France et qui souhaite faire l'expérience de la gestion de la communauté des jeunes en formation. Pour cela, il délaisse son métier pour trois ans et devient salarié de l'Association.

Il arrive que des opportunités d'emploi fassent se regrouper quelques itinérants dans une même habitation ; cette structure légère, qui peut être provisoire, est appelée point de passage et n'a pas de Prévôt à sa tête.

À l'échelon national, comme pour toute association, un conseil d'administration constitué de bénévoles élus, les Conseillers, gère et conduit l'ensemble de la structure et des outils. Chez les Compagnons, cette assemblée est appelée le Conseil. Il est constitué du Conseiller au Collège des métiers (formation), du Conseiller au Tour de France (vie des Maisons), du Conseiller à la trésorerie (trésorier), du Conseiller au secrétariat (secrétaire) et du Premier Conseiller (président). Ce Conseil, les Délégués de métier et les Provinciaux se retrouvent régulièrement en une instance appelée Conseil d'orientation. Comme son nom l'indique, cette assemblée prépare les grandes orientations de l'Association : réflexion, propositions, débats et décisions.

Une fois par an, ces grandes orientations sont proposées en Assemblée générale, les Assises du Compagnonnage.

Tous ces Compagnons s'engagent dans leur fonction à ne pas favoriser des influences à caractère politique, religieux ou philosophique. Afin de pouvoir agir en toute liberté et défendre les intérêts pour atteindre les buts fixés, les Compagnons n'acceptent un mandat en qualité d'élu de l'Association qu'à condition de n'être ni administrateur, ni décideur, élu ou non, d'une organisation ou d'un organisme ayant un lien direct avec les activités et les buts de l'AOCDTF, tout particulièrement dans l'apprentissage et la formation professionnelle, ou dans le cadre de la défense d'intérêts professionnels.
La structure pyramidale de l'Association permet donc à chacun de s'exprimer sur tous les aspects du compagnonnage. Cette

concertation est importante puisqu'elle est la base même de l'Association et de sa raison d'être.

Les ressources de l'Association

D'un point de vue finances, l'Association est globalement orientée sur deux métiers que sont l'hôtellerie et la formation. L'hôtellerie, c'est d'abord un important réseau de Maisons, de points de passage qui, pour la grande majorité, ne sont pas la propriété des Compagnons du Devoir. Les repas et les nuits sont facturés aux bénéficiaires, pour la plupart apprentis ou jeunes sur le Tour de France. Le coût de la pension mensuelle est calculé au plus juste pour ne pas alourdir leur budget. Cet objectif du meilleur « rapport qualité prix » possible est la préoccupation quotidienne de celles et ceux en charge de la gestion des Maisons. La formation, elle, se décline dans trois domaines d'activités principaux.

Premièrement, la formation initiale : c'est la formation par apprentissage. Ses ressources proviennent pour une part d'aides des Conseils régionaux lorsque le CFA est régionalisé (c'est la majorité), et pour une autre part, la plus importante, de la collecte de la taxe d'apprentissage.

Deuxièmement, la formation continue : c'est celle qui s'adresse à des entreprises, des salariés qui souhaitent se perfectionner dans leur métier. C'est la principale activité que les Compagnons considèrent véritablement comme lucrative. C'est un marché concurrentiel dans lequel ils doivent se positionner correctement mais qui leur permet aussi de dégager des résultats pour réaliser des investissements au service de la jeunesse et des métiers.

Les métiers

➔ *Un rôle prépondérant*

Le compagnonnage est né des métiers et ne pourrait vivre sans eux. Si la manifestation la plus visible d'un métier consiste en ses réalisations ou ses œuvres, il se manifeste aussi par des hommes qui marquent leur époque ou encore par des écrits. Autant de traces qui l'inscrivent aussi bien dans le temps que dans l'espace des réalisations. Les métiers du compagnonnage sont des métiers où l'intervention manuelle est très fréquente, où les « gestes de métier » requièrent un savoir-faire, un tour de main. Ce principe fondamental les rattache à la grande famille des métiers ouvriers, du côté de ceux qui œuvrent. Mais cela ne signifie pas pour autant que les Compagnons soient de purs exécutants. Le compagnonnage revendique une communion de la main et de l'esprit : l'esprit conçoit et la main réalise. Ce concept devient de plus en plus difficile à vivre à notre époque où, plus que jamais, un clivage métiers entre ceux dits manuels et ceux dits intellectuels semble diviser en deux les mondes de l'éducation et du travail. Les métiers du compagnonnage voudraient réconcilier cette opposition et permettre à l'individu de s'épanouir selon les deux composantes inhérentes à chacun : la part intellectuelle et la part manuelle.

➔ *Apprendre par le métier*

Selon les époques, la culture ou l'environnement professionnel, la notion de métier peut être comprise différemment par chacun. Pour les Compagnons, un « homme de métier » est quelqu'un doté d'un ensemble de savoir-faire qui fait de lui en quelque sorte un multi-spécialiste, c'est-à-dire le contraire même d'un spécialiste qui par définition, se consacre à un savoir-faire particulier. Par exemple, un Compagnon mécanicien possède les compétences nécessaires

pour dépanner une station de lavage automatique de voitures mais ce savoir-faire ne constitue qu'une infime partie de ses compétences ! Ainsi, il a capacité à construire cet ouvrage dans sa totalité : construction métallique, tuyauterie d'alimentation, câblages et commandes électriques, systèmes hydrauliques, programmation informatique, alors qu'un dépanneur possèdera les seules compétences requises pour intervenir sur quelques points de ce système et eux seuls.
Insidieusement, les métiers forgent souvent ceux qui les pratiquent et, dans ce sens, sont porteurs d'identité. La démarche ou les vêtements, le ton ou le vocabulaire, l'entrain ou la réserve sont autant de signes révélateurs qui dévoilent le métier pratiqué.
On ne saurait interpeller un Compagnon en l'appelant « monsieur ». La courtoisie fait usage du mot « Coterie » pour désigner les Compagnons qui pratiquent leur métier en utilisant un échafaudage, les autres Compagnons étant appelés « Pays ».
C'est donc dans un véritable monde que celui qui a choisi un métier s'engage tout entier, pour y trouver sa place, en vivre et y être reconnu. Le métier n'est pas seulement une somme de savoir-faire, il est aussi un moyen d'exister. Cette conception du métier, les Compagnons du Devoir l'ont réservée jusqu'à présent à vingt-cinq métiers qui transforment la matière, groupés en quatorze corps de métiers.

➔ *Un perpétuel devenir*

Les métiers sont en perpétuel devenir puisqu'ils changent, se transforment, évoluent avec les hommes et les techniques. Aujourd'hui, les évolutions techniques ou technologiques remettent souvent en cause cette notion de métier. Qu'en sera-t-il de ces métiers dans cinquante, soixante-quinze ou cent ans ?
D'autres métiers ont d'ores et déjà complété la liste initiale.

Corps de métiers admis à l'Association (liste 2011)

- Compagnons boulangers et pâtissiers du Devoir du Tour de France ;
- Compagnons charrons carrossiers du Devoir ;
- Compagnons passants charpentiers du Devoir, Bons Drilles du Tour de France ;
- Compagnons chaudronniers du Devoir ;
- Compagnons passants couvreurs du Devoir, Bons Drilles du Tour de France ;
- Compagnons passants maçons du Devoir ; ils accueillent et accompagnent les jardiniers-paysagistes ;
- Compagnons forgerons, maréchaux-ferrants et mécaniciens du Devoir du Tour de France ; ils accueillent et accompagnent les électriciens ;
- Compagnons menuisiers et ébénistes du Devoir ;
- Compagnons selliers, tapissiers, maroquiniers et cordonniers-bottiers du Devoir du Tour de France ;
- Compagnons passants plâtriers staffeurs stucateurs du Devoir, Bons Drilles du Tour de France ; ils accueillent et accompagnent les peintres ;
- Compagnons passants plombiers du Devoir, Bons Drilles du Tour de France ;
- Compagnons serruriers du Devoir ;
- Honnêtes Compagnons passants tailleurs de pierre du Devoir ;
- Compagnons tonneliers Dôleurs du Devoir.

La première cause du phénomène d'entrée en compagnonnage de nouveaux métiers repose sur l'évolution des techniques et des besoins de notre société. Ainsi, par exemple, au fil du temps, le forgeron du village est devenu mécanicien agricole, puis mécanicien constructeur de machines spéciales, avant de devenir mécanicien en maintenance en systèmes automatisés.

La seconde raison de ce phénomène réside dans la complémentarité de tâches d'un même ouvrage ou la mise en œuvre d'un même matériau. En effet, des Compagnons sont amenés, au cours de leurs activités, à étendre leurs techniques ou leurs ouvrages à ceux d'autres métiers, ou bien encore à côtoyer de près d'autres métiers. Par exemple, dans un souci de complément logique de leur activité, des stucateurs se sont intéressés à la peinture : les peintres ont été invités à rejoindre le compagnonnage.
Certains mécaniciens constructeurs de machines spéciales, appelés à concevoir et intervenir de plus en plus fréquemment dans des systèmes où l'électricité commande ou alimente des systèmes automatisés, sont devenus spécialistes en électricité... et le corps de métiers des mécaniciens a ainsi ouvert le compagnonnage aux électriciens !

➔ *Les couleurs*

Lors des fêtes et cérémonies, les Aspirants et Compagnons portent un signe distinctif de leur métier. Au XIVe siècle, il s'agissait de longs rubans de différentes couleurs portés, selon les métiers, à la boutonnière ou autour du chapeau. De nos jours, les Compagnons portent ce ruban de velours sous la forme d'une étole qu'ils appellent couleur. Ils la portent sur l'épaule droite et la nouent sous le bras gauche. Celle des métiers du cuir est verte, celle des métiers du bois est bleue, celle des métiers des métaux est rouge, tandis que le jaune est la couleur des métiers de bouche et l'ivoire celle des maçons, tailleurs de pierre et plâtriers. La couleur est ornée de dessins symboliques frappés au moyen d'un fer chaud, lors de différents événements du Tour de France.

De jeunes jardiniers-paysagistes ont pensé qu'un Tour de France pourrait être pour eux une formidable chance de découvrir d'autres plantes, d'autres sols, d'autres climats. Ils ont trouvé auprès des

Compagnons maçons un parrainage, un accompagnement qu'ils concrétisent à travers le partage d'une formation commune à certaines techniques, comme la maçonnerie de pierre, la construction de bassins et de clôtures, le nivellement des terrains et l'implantation des ouvrages...

Les fêtes de métiers

Selon des traditions ancestrales, les Compagnons s'attachent une fois l'an à fêter un saint patron. C'est l'occasion d'un banquet annuel qui réunit les Compagnons d'un même corps de métier et leurs familles, amis et Compagnons d'autres corps de métier.

- Charpentiers : saint Joseph, fêté en mars ;
- Boulangers et pâtissiers : saint Honoré, fêté en mai ;
- Menuisiers, ébénistes, tonneliers : sainte Anne, fêtée en juillet ;
- Cordonniers, maroquiniers, selliers et tapissiers : saint Crépin, fêté en octobre ;
- Maçons, jardiniers, tailleurs de pierre : les Quatre couronnés (saint Sévère, saint Séverin, saint Carpophore et saint Victorien), fêtés en novembre ;
- Constructeurs carrossiers et chaudronniers : sainte Catherine, fêtée en novembre ;
- Métalliers, mécaniciens et forgerons, électriciens et maréchaux-ferrants : saint Éloi, fêté en décembre ;
- Couvreurs, plâtriers, peintres, plombiers : pas de saint patron, mais fête des corps de métiers le jour de l'Ascension.

➔ *Une féminisation florissante*

Un renouveau de l'attrait des jeunes vers les métiers des Compagnons a permis à des jeunes filles de découvrir, puis de s'orienter vers ces métiers. Après tout, pourquoi ne pas devenir

menuisier, tailleur de pierre ou sellier, plutôt que secrétaire, infirmière ou coiffeuse ?
Une, puis deux, puis dix jeunes filles se sont ainsi mêlées (courageusement) aux groupes de jeunes hommes en formation. Début 2006, les Compagnons du Devoir en comptaient près de deux cent cinquante en formation dans leurs Maisons, dans ces métiers que l'on croyait réservés aux hommes !
Soucieux de les accueillir et de respecter leur différence de vue sur le métier, ces jeunes femmes et les Compagnons se sont interrogés sur la féminisation des appellations. Ils ont finalement décidé d'appliquer les usages de la langue française ainsi qu'un certain bon sens et un souci de l'esthétique. On ne dira donc pas, par exemple, Isabelle Dupont, Compagne boulangère, mais Isabelle Dupont, Compagnon boulanger, ou bien encore Florence Durand, et non pas, Aspirante sellière, mais Florence Durand, Aspirant sellier.
Dans la réflexion comme dans l'action, pour l'esprit comme pour la main, les Compagnons savent innover et s'adapter, prouvant qu'ils sont décidément « toujours en route »...
Les textes qui suivent ont pour ambition de décrire aux néophytes les caractéristiques principales des vingt-cinq métiers qui font aujourd'hui l'Association ouvrière des Compagnons du Devoir du Tour de France.
Les diplômes sont évidemment portés à titre indicatif et ne sauraient constituer une référence puisque, chez les Compagnons du Devoir, tout parcours professionnel est unique et personnalisé, adapté aux aspirations de chacun.

Les blasons des corps de métiers

Chaque corps de métier possède son propre blason, reproduit sur la couleur des Compagnons du Métier, lors de la cérémonie d'Adoption. Chaque blason est constitué d'outils représentatifs du métier, ainsi que d'une équerre et d'un compas.
L'équerre, dans sa rigoureuse construction, symbolise l'équité et la droiture. Le compas, instrument de mesure, est l'emblème de la sagesse puisqu'il permet de mesurer toute chose à sa juste valeur.

Tout savoir sur...

... Nos métiers

Fabriquer

Aménager

Construire

Équiper

Élaborer

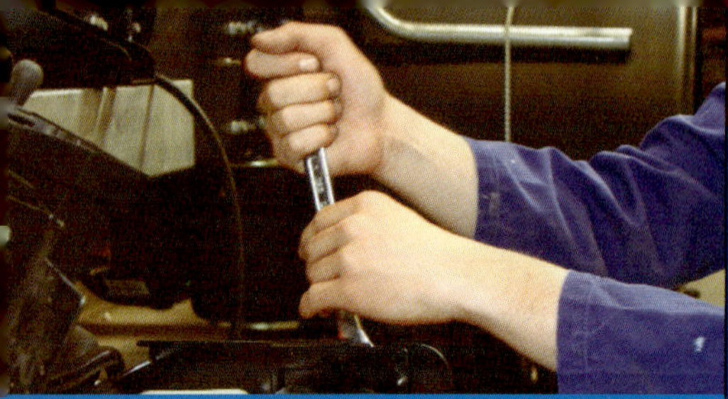

PARCOURS PROFESSIONNEL
CONSTRUCTEUR CARROSSIER

Titres et diplômes

Niveau II
- Licence Carrossier

Niveau III
- BTS Conception de Produits Industriels
- BTS Conception et réalisation de carrosseries
- DTS Carrossier
- Cert. pro Carrossier

Niveau IV
- BAC pro Construction des carrosseries (début 2012)
- BAC pro Réparation des carrosseries
- BAC pro Carrosserie option : construction (fin 2011)
- CQP Carrossier-peintre
- BP Plastiques et composites

Niveau V
- CAP Construction des carrosseries
- CAP Réparation des carrosseries
- CAP Peinture en carrosserie
- CQPM 042 Soudeur industriel
- CQPM 020 Opérateur en tôlerie industrielle
- CQPM 007 Stratifieur en matériaux composites
- CQPM 046 Opérateur qualifié de montage de véhicules industriels

Emploi

Chef d'entreprise

Chargé d'affaires
Technico-commercial

Chef de projet
Technicien étude
Prototypiste
Technicien méthodes

Formateur

Chef d'atelier
Chef de service
Technicien qualifié

Constructeur Carrossier

MÉTALLURGIE

› Des véhicules beaux et fiables

Le carrossier conçoit, construit et entretient l'enveloppe des véhicules dans les domaines de l'automobile ou des véhicules industriels (ambulances, bus...)
Il personnalise les véhicules en fonction du besoin spécifique le plus adapté au client utilisateur, en respectant les règles du code de la route et le développement durable.
Ses compétences l'amènent à participer à la fabrication dans les secteurs de l'aéronautique, du ferroviaire et du naval. Il s'impose ainsi comme un acteur essentiel du secteur du transport des personnes et des marchandises.

Il effectue les travaux d'adaptation et d'aménagement des véhicules confiés par ses clients (professionnels du transport, artisans...) selon leur demande. Cela exige divers savoir-faire : la Conception Assistée par Ordinateur (CAO), l'hydraulique, la métallerie, la productique, la peinture, la réfrigération... Spécialiste du moulage-collage, le constructeur carrossier maîtrise les techniques traditionnelles du travail des métaux et les divers procédés d'assemblage, comme le soudage, et il connaît les matériaux récents tels que les plastiques et les résines. Le rôle du carrossier-réparateur diffère : il remplace les éléments du véhicule déformé par un accident sans les fabriquer. Il reconstruit en respectant le cahier des charges original. Qu'il s'agisse de construction ou de réparation, les carrossiers n'ont pas droit à l'erreur car ils sont responsables de la sécurité des personnes. Les normes de sécurité des constructeurs doivent toujours être respectées.

Dans la construction, le travail, assez physique parfois, se réalise seul ou en petite équipe, dans de vastes ateliers à horaires réguliers.

Constructeur Carrossier

La réparation et la construction réclament une certaine habileté manuelle, de la minutie, une bonne appréciation des volumes et un réel sens esthétique. Ces hommes de métier évoluent dans des entreprises artisanales mais, le plus souvent, dans de grands groupes de carrosserie-construction.

› Construction ou réparation ?

Il existe deux CAP* Réparation des carrosseries et construction des carrosseries, deux BAC pro, Carrosserie dominante construction ou dominante réparation, un BTS Conception et réalisation des carrosseries, ainsi qu'une licence professionnelle qui ouvrent la voie vers des postes d'encadrement tels que chef d'équipe, chef d'atelier, contremaître, chargé d'affaires ou technico-commercial. Un tiers des carrossiers s'installent à leur compte. Le voyage sur le Tour de France, sans oublier l'international, ouvre les portes d'un métier riche par ses compétences, ses matériaux et ses secteurs d'activités diversifiés.

› Un métier qui se spécialise

Le carrossier travaille beaucoup sur l'innovation des produits. Les principaux axes de recherche portent sur l'allègement du poids de la carrosserie, l'optimisation des capacités de chargement, l'amélioration de la résistance du matériel et la simplification des opérations de chargement et déchargement des marchandises.
La profession doit pouvoir également répondre à un environnement réglementaire national et européen contraignant dans les domaines de la protection de l'environnement, de la sécurité et de l'harmonisation des normes de construction de véhicules.

Les véhicules utilitaires et les constructeurs carrossiers ont encore de beaux jours devant eux.

---

* *Les diplômes sont portés à titre indicatif et ne sauraient constituer une référence puisque chez les Compagnons du Devoir, tout parcours professionnel est unique et personnalisé, adapté aux aspirations de chacun.*

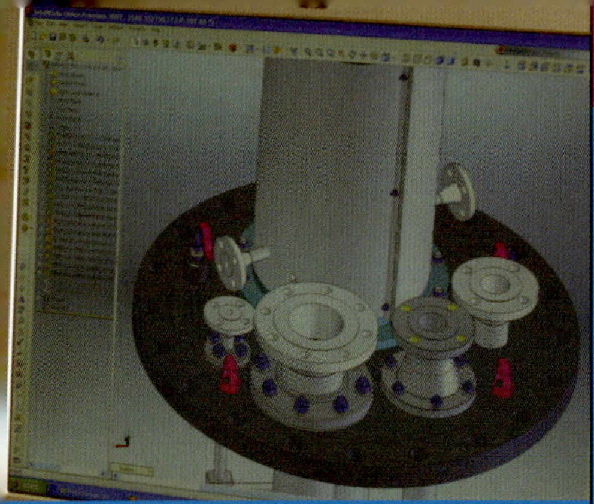

PARCOURS PROFESSIONNEL
CHAUDRONNIER

Titres et diplômes

Niveaux I et II
- Ingénieur en chaudronnerie
- Master design industriel
- Licence pro SM assemblages soudés
- Licence pro Ingénierie de construction et maintenance des ensembles tuyautés chaudronnés soudés
- Licence pro Conception et Réalisation en Chaudronnerie Industrielle

Niveau III
- BTS Conception et Réalisation en Chaudronnerie Industrielle
- Construction navale

Niveau IV
- CQPM Technicien bureau d'études
Technicien d'atelier
- BAC pro Technicien en Chaudronnerie Industrielle

Niveau V
- CQPM Tôlier
Tuyauteur
Soudeur
- CAP Réalisation en Chaudronnerie industrielle
- Examen ou titres préparés chez les Compagnons du Devoir
- Examens préparés à partir de 2012 chez les Compagnons du Devoir

Emploi

Chef d'entreprise

Responsable de division
Ingénieur d'affaires ou technico-commercial
Chargé d'affaires

Ingénieur calcul

Technicien devis
Technicien de bureau d'études
Technicien méthode
Dessinateur projeteur

Responsable de production

Contrôleur qualité
Formateur
Chef d'atelier
Chef de chantier

Chef d'équipe

Tuyauteur
Chaudronnier
Soudeur

Chaudronnier

Métallurgie

› Une exceptionnelle diversité

Le chaudronnier travaille pour les secteurs des transports, de l'aérospatiale, de l'agroalimentaire, de la chimie, de la production d'énergie, de l'environnement, du BTP... Dans tous ces secteurs, hormis la production, la maintenance constitue pour lui un marché de plus en plus important.

À partir de plans, le chaudronnier procède au traçage sur feuilles ou barres de métal, parfois sur matériaux plastiques ou composites. Il découpe ensuite chaque élément puis il leur donne forme par pliage ou cintrage. Enfin, il en effectue l'assemblage par soudage, boulonnage ou rivetage. L'informatique est omniprésente et l'assiste dans les phases d'étude, de méthode, de fabrication et de contrôle. Le chaudronnier peut être amené à faire de la tuyauterie et de la soudure pour raccorder les ouvrages qu'il a réalisés. Le métier voit d'ailleurs venir à lui de jeunes plombiers débutants qui trouvent là un emploi qu'ils n'avaient pas trouvé dans le bâtiment : c'est là l'occasion de reconversions réussies !

C'est un métier aux aspects très variables : petites ou grosses pièces, à l'unité ou en petites séries, se pratiquant en atelier ou sur chantier. Le chaudronnier a le goût du travail d'équipe, une bonne perception des formes et des volumes. Aujourd'hui, les équipements de sécurité et des moyens de manutention mécanisés lui facilitent le métier.
Le métier s'exerce souvent dans des entreprises de dix à vingt personnes, mais également dans de grands groupes internationaux. Les entreprises de l'industrie aéronautique, de la construction navale, de l'énergie, de l'agroalimentaire et de la chimie offrent de nombreuses opportunités d'emploi. Les femmes travaillent principalement dans les bureaux d'études ou aux contrôles qualité.

CHAUDRONNIER

› De nombreuses embauches !

Un CAP Réalisation en chaudronnerie industrielle ou un BAC pro Technicien en chaudronnerie industrielle permettent de devenir ouvrier qualifié. Être diplômé d'un BTS Conception et réalisation en chaudronnerie industrielle amène à des postes d'encadrement comme chef d'équipe, chef d'atelier ou de technicien (dessinateur industriel, concepteur en bureau d'études. La licence professionnelle permet une évolution vers un poste de technicien méthodes chargé d'affaires, voire vers les responsabilités d'un chef d'entreprise, envisageable pour les plus ambitieux à qui l'expérience du Tour de France est fortement conseillée. Il permet notamment de pouvoir pratiquer différents aspects du métier, d'élargir sa palette de compétences et de choisir le secteur le plus en conformité avec ses aspirations. Le voyage à l'étranger et l'acquisition de l'anglais sont un plus...

25 à 30 % des chaudronniers en exercice aujourd'hui partiront en retraite dans les 3 à 5 ans, laissant vacants 15 000 postes !

Les chaudronniers ont reçu sur le Tour de France le surnom de « Culs noirs », en référence au fond noirci des chaudrons... Ceux de l'aéronautique sont surnommés « Choumac ». Le surnom compagnonnique des chaudronniers est composé du nom de leur région ou de leur ville d'origine, et d'une vertu acquise ou à développer choisie par le Compagnon *(Toulousain le Courageux).*

› Une pérennité assurée

Le chaudronnier doit aujourd'hui innover constamment en prenant part aux études de pièces : des compétences en management et en gestion sont nécessaires. De plus en plus d'entreprises françaises travaillent à l'étranger. L'homme de métier se doit donc d'être mobile et ouvert aux autres cultures. L'exploration de l'espace et des fonds marins, le souci de préservation de l'environnement, les recherches médicales et les besoins croissants en terme d'énergie sont propices à l'activité du métier et donc à l'emploi.

** Les diplômes sont portés à titre indicatif et ne sauraient constituer une référence puisque chez les Compagnons du Devoir, tout parcours professionnel est unique et personnalisé, adapté aux aspirations de chacun.*

Emploi

Chef d'entreprise
Expert

Chef d'atelier
Technicien bureau d'études

Responsable de service

Technicien

Technico-commercial
Chef de projet
Chargé d'affaires

Formateur

Ouvrier qualifié

Titres et diplômes

Niveau III
- BTS Mise en forme des matériaux pour forgeage

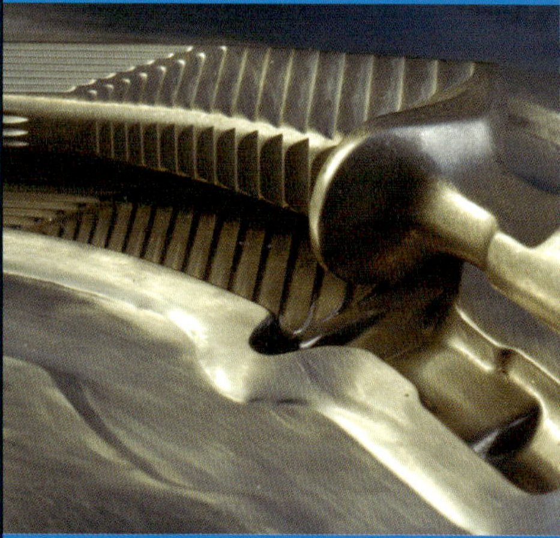

FORGERON

MÉTALLURGIE

› C'est en forgeant...

Le forgeron travaille dans des usines où les techniques les plus innovantes comme la mécanique, l'automatisme, l'électronique et l'informatique rythment son quotidien. Il réalise, à l'aide de machines-outils, des pièces métalliques simples ou complexes par déformation plastique de métaux ferreux et non ferreux, comme les alliages de titane ou d'aluminium. Celles-ci peuvent faire quelques centaines de grammes à plusieurs tonnes, tous secteurs confondus : agriculture, énergie, transports, aérospatial, médical, automobile. Ses réalisations comptent notamment des rails, des trains d'atterrissage, des bielles ou vilebrequins de voiture et des prothèses médicales... Le processus de déformation des métaux ou alliages s'effectue à des températures variant entre la température ambiante et 1 200 °C. La forge, incontournable pour les pièces de « sécurité », permet, outre la fiabilité et la longévité, l'allègement nécessaire à certaines pièces comme les réacteurs et les trains d'atterrissage d'avions.

Après lecture des documents techniques, le forgeron installe sous des presses, marteaux-pilons et laminoirs, des outillages dans lesquels sont gravées les formes de la pièce désirée. Le bloc de métal à travailler est chauffé puis placé entre les gravures. La force ou l'énergie des engins déforme alors la matière jusqu'à ce qu'elle ait la forme voulue. Une fois la pièce achevée, il procède à des mesures afin de tester les pièces pour lancer leur production en série. Ces réalisations variées et complexes rendent le métier passionnant.

Le forgeron exerce en équipe, dans des ateliers aux machines impressionnantes. Dans un environnement potentiellement dangereux, cet homme de métier prudent respecte les règles de sécurité imposées par son activité. Les bassins d'emploi de la profession sont bien identifiés : Champagne-Ardenne, Rhône-Alpes, Bassin parisien, Nord et Lorraine... Les forgerons évoluent dans la centaine d'entreprises de forge en France dont la majorité travaille pour les secteurs automobiles et aéronautiques. Les grandes industries mécaniques, les équipementiers industriels recrutent également des forgerons.

› Des études poussées pour des orientations diverses

Pour exercer ce métier, il faut être titulaire d'un CAP* ou d'un BEP des Métiers de la mécanique et se spécialiser par des formations complémentaires. Une mention complémentaire Opérateur en forge est une possibilité. Un BAC pro Génie des matériaux, un BTS Mise en forme des matériaux par forgeage et une École supérieure de forge et fonderie ESFF permettent de se déclarer forgeron. Des possibilités d'évolution variées s'offrent au forgeron expérimenté dans l'encadrement, comme chef d'équipe ou chef d'atelier. Il peut s'orienter vers des postes en bureau des méthodes ou d'études ou vers les fonctions de chargé d'affaires ou de commercial. Le Tour de France permet aux jeunes de se confronter à des difficultés industrielles inédites, de découvrir de nouvelles activités et techniques et ainsi de se différencier. Le nom du Compagnon forgeron associe le nom de sa ville natale à une qualité *(Parisien la Bonne Volonté)*.

› La modélisation et la simulation, l'avenir du forgeron

Le savoir-faire du forgeron est toujours bien présent mais les outils de préparation ont évolué. Ainsi, la conception des pièces forgées par les bureaux d'étude et de méthode a peu à peu remplacé la main, le compas ou la règle par l'outil informatique, garantissant précision, rapidité et flexibilité. Le modèle informatique a permis de rapprocher les simulations des conditions réelles de forgeage, remplaçant l'approche empirique des forgerons d'autrefois. En intégrant contraintes, résistances, échanges de chaleur, frottements, mécanique des fluides et déformation, la forge de demain se construit dans un souci de qualité et de sécurité des pièces mises en œuvre. Dans un monde évoluant vers des produits de plus en plus sophistiqués, la forge est une technique d'avenir tant pour les pièces fabriquées que pour les forgerons.

** Les diplômes sont portés à titre indicatif et ne sauraient constituer une référence puisque chez les Compagnons du Devoir, tout parcours professionnel est unique et personnalisé, adapté aux aspirations de chacun.*

Titres et diplômes

Niveaux II et plus
- Licence pro Conduite de projets industriels
- Licence pro Mécanique gestion de la production industrielle

Niveau III
- BTS mécanique et automatismes industriels
- BTS technicien supérieur en conception industrielle option système mécanique
- BTS maintenance et après-vente des engins de travaux publics et de manutention

Niveau IV
- BAC pro Maintenance des équipements industriels
- BAC pro Maintenance des matériels

Niveau V
- BEP Maintenance des systèmes mécaniques automatisés
- BEP Maintenance des véhicules et des matériels
- Assistant concepteur en systèmes mécaniques
- CQPM 039 Mécanicien industriel en équipements automatisés
- CQPM 041 Mécanicien industriel d'entretien

Emploi

Chef d'entreprise
Expert

Chef d'atelier
Technicien bureau d'études

Responsable de service

Technicien

Technico-commercial
Chef de projet
Chargé d'affaires

Formateur

Ouvrier qualifié

Mécanicien

MÉTALLURGIE

› Un métier né de la modernité

Le mécanicien est constructeur et réparateur de toutes sortes de matériels de notre environnement, dans de très nombreux secteurs comme l'aéronautique, l'agriculture ou les transports. Ses interventions vont de la fabrication de chaînes de production à celle des moissonneuses-batteuses, en passant par les engins de travaux publics ou encore les rames de métro. La construction de biens d'équipements et la maintenance des machines en usine, en tant que prestataire, sont les diverses facettes de la profession aujourd'hui.

La pratique du métier demande des connaissances variées car elle nécessite des compétences dans différentes technologies. En effet, le mécanicien doit maîtriser des techniques de plus en plus sophistiquées : le pneumatique, l'hydraulique, l'électricité, l'automatisme, la thermique, l'informatique, mais aussi les techniques d'usinage, la plasturgie, la découpe et l'emboutissage des métaux en feuilles, les traitements thermiques et de surfaces... Du travail des mécaniciens dépend la qualité même des produits finis dans les usines, ou la qualité du travail d'autres métiers. Les gestes du métier ont peu évolué, contrairement aux conditions de travail, avec la banalisation de « salles blanches » de contrôle de qualité et l'informatisation. Le mécanicien est souvent devenu le relais entre la conception dans les bureaux d'études et la fabrication des équipements. Il doit donc développer des compétences dans l'analyse des cahiers des charges et la mise en œuvre des méthodes de fabrication.

Cet homme de métier polyvalent a la satisfaction quotidienne de voir fonctionner ce qu'il a assemblé ou dépanné. Appréciant les contacts avec la clientèle, habitué à des horaires irréguliers, le professionnel évoluant dans le domaine du service fait preuve d'une grande réactivité car il est souvent amené à dépanner dans l'urgence un équipement. Les mécaniciens exercent principalement dans les villes, au sein de grandes entreprises industrielles utilisant des machines dans leur processus de production, au sein de services maintenance, voire des équipes de production. Postuler dans une entreprise spécialisée en maintenance mécanique est une autre éventualité. Cette profession est totalement accessible aux femmes.

› Un Tour de France… à l'international

Le jeune débute par un BEP* de l'une des spécialités du métier : Maintenance des systèmes mécaniques automatisés ou Maintenance des véhicules et des matériels. Le BAC pro Maintenance des systèmes mécaniques automatisés, le BAC Technique, le BTS ou le DUT, voire une licence pro ou un diplôme d'ingénieur le mènent ensuite à des postes à responsabilités. Dans la mécanique, l'obtention de diplômes durant le Tour de France est recommandée car elle permet l'accès à des postes plus importants, notamment dans les grosses entreprises. Le Tour de France se révèle une excellente expérience car, dans cette profession, il est réalisé à l'international. Il est impératif pour un mécanicien de parler plusieurs langues étrangères en fin de Tour de France (au minimum l'anglais). Le voyage permet de découvrir les différences culturelles d'autres pays, gages d'ouverture à l'avenir. D'ouvrier qualifié, un professionnel sérieux devient chef d'équipe ou chef d'atelier dans l'encadrement. Travailler en bureau des méthodes ou en bureau d'études demeure une voie envisageable ; certains se mettront à leur compte ou reprendront une entreprise.

› Vers une mécanisation généralisée des sites de production

Aujourd'hui, le mécanicien a des perspectives d'évolution prometteuses, aussi bien en France qu'aux niveaux européen et mondial. Cela est dû à la progression de la mécanisation qui augmentera encore, afin d'automatiser les tâches en usine dans une optique de rentabilité.
La mondialisation provoque une concurrence accrue et l'obligation de développer des partenariats ; cela induit un transfert des méthodes de travail. Ces changements impactent directement les mécaniciens : désormais, on recherchera de bons professionnels plutôt que de bons techniciens, avec des capacités d'adaptation notables pour suivre les mutations constantes du métier, des méthodes et des matériaux.

** Chez les Compagnons du Devoir, tout parcours professionnel est unique et personnalisé, adapté aux aspirations de chacun.*

Titres et diplômes

Niveau II
- Sciences et techniques de l'ingénieur

Niveau III
- BTS Productique mécanique
- BTS ERO
- BTS CPI

Niveau IV
- BAC pro Technicien d'usinage
- BAC pro Technicien outilleur

Niveau V
- BEP Métiers de la productique et mécanique informatisée
- CQPM 014 Tourneur
- CQPM 016 Fraiseur
- CQPM 037 Tourneur industriel
- CQPM 034 Fraiseur industriel
- CQPM 047 Outilleur mouliste

Emploi

Ouvrier opérateur tourneur fraiseur
Ouvrier qualifié
Préparateur bureau des méthodes
Chef d'atelier

Responsable qualité
Préparateur bureau d'études

Formateur professionnel
Consultant

Artisan
Chef d'entreprise

Mécanicien de précision

MÉTALLURGIE

› Un spécialiste au service de l'industrie

Le mécanicien de précision conçoit et réalise des organes de machines, des sous-ensembles mécaniques, des outillages de fabrication, de contrôle, des moules pour l'injection des matières plastiques et des alliages légers. Tous ces outillages ou machines permettent de produire en grande série des pièces de toute nature, pour la plupart des secteurs de la vie courante mais plus particulièrement pour l'automobile, l'aéronautique, le matériel médical, l'industrie électrique et électronique, la pétrochimie, l'industrie pharmaceutique, les constructions ferroviaires et navales, la verrerie et l'industrie du bâtiment.

En premier lieu, l'industriel demande au mécanicien de précision son intervention pour la réalisation d'un ensemble mécanique ou d'un outillage, selon un cahier des charges précis, définissant les caractéristiques de l'outillage et celles du produit à obtenir. Après la réalisation d'un prototype, les différentes phases de réalisation d'un outillage sont l'étude et la conception à l'aide d'outils informatiques (le Dessin Assisté par Ordinateur et la Conception Assistée par Ordinateur, —DAO-CAO), la fabrication des divers éléments avec la matière la plus adaptée (acier, aluminium ou plastique...) usinée grâce à des machines à commandes numériques ou conventionnelles, le montage, la mise au point, le contrôle et la maintenance.

Ces hommes de métier travaillent en bureau d'étude et en atelier. Ils font preuve de concentration et de créativité, d'une extrême précision et d'autonomie. Leurs compétences comprennent, entre autres, le tournage, le fraisage, l'ajustage et de bonnes connaissances dans les domaines de l'informatique, du pneumatique et de l'hydraulique. Les entreprises sont plutôt installées dans de grandes villes, au service de PME ou de grandes entreprises. Toutes les sociétés dont l'activité nécessite l'emploi ou la réalisation d'outillage ou d'ensembles mécaniques sont susceptibles d'avoir recours à leur savoir-faire.

› Un niveau de recrutement en hausse

Les mécaniciens de précision débutent par un BAC Technicien outilleur, BAC Technicien d'usinage, BAC STI, ou BAC Étude et réalisation de produits industriels. Les entreprises sont de plus en plus exigeantes quant aux diplômes. Elles demandent de plus en plus au minimum un BTS Industrialisation des produits mécaniques, un BTS Études et réalisations d'outillages de mise en forme des matériaux, ou un BTS Conception de produits industriels. Le Tour de France est tout indiqué pour multiplier les expériences et accéder à plus de flexibilité. Les évolutions de carrière envisageables pour un ouvrier qualifié sont des postes de chef d'équipe ou d'atelier, un poste en bureau d'étude ou de méthode, de chargé d'affaires voire de chef d'entreprise. Effectivement, chez les Compagnons, plus de 20 % des mécaniciens de précision s'installent à leur compte. Ce métier est accessible aux femmes, présentes principalement dans les bureaux d'études. Le nom du Compagnon mécanicien de précision associe le nom de sa province natale à une qualité qu'il souhaite développer *(Nantais la Patience).*

› Un avenir radieux pour des professionnels mobiles

La profession évolue dans la sous-traitance et le service aux entreprises. Elle est conditionnée par le profil de la clientèle. Travailler avec les grandes entreprises, sur un marché mondial très concurrencé, nécessite impérativement une homologation. Ainsi, les sociétés doivent développer une démarche de veille technologique et stratégique. L'essor du niveau de vie sur le plan mondial devrait provoquer une demande ininterrompue en biens d'équipement et, par là même, de machines visant à en optimiser la production. Les mécaniciens de précision ont donc de beaux jours devant eux. Les évolutions les plus marquantes concerneront les machines de production flexibles et intelligentes, l'optimisation de l'automatisme et la chaîne numérique(CAO-DAO), dans la perspective de rendre les entreprises plus performantes. Les mécaniciens de précision devront, de ce fait, être de plus en plus mobiles à l'international.

** Les diplômes sont portés à titre indicatif et ne sauraient constituer une référence puisque chez les Compagnons du Devoir, tout parcours professionnel est unique et personnalisé, adapté aux aspirations de chacun.*

Titres et diplômes

Niveau II et plus
- Licence pro Bois et aménagement

Niveau III
- BTS Productique bois et ameublement option A
- BTS Productique bois et ameublement option B
- BTMS Ébéniste
- BTMS Fabrication
- DMA Diplôme des métiers d'art

Niveau IV
- BTM Ébéniste
- BMA Ébéniste
- BAC pro Artisanat et métiers d'art option ébéniste

Titre homologué :
- CFP Vernisseur sur bois
- BM Sculpteur sur bois et ameublement
- CFP Restaurateur de mobilier d'art

Niveau V
- CAP Ébéniste
- CAP Art du bois
- BEP Bois et matériaux associés
- CAP Marqueteur
- CAP Sculpteur

Emploi

Marqueteur

Doreur sur bois

Artisan

Chef d'entreprise

Restaurateur

Sculpteur sur bois

Dessinateur

Chef d'atelier

Fabricant

Agenceur

Poseur (mobilier agencement)

Formateur

Chargé d'affaire

Commercial

ÉBÉNISTE

AGENCEMENT ET DÉCORATION

› L'artiste du bois

L'ébéniste réalise du mobilier de style rustique, contemporain ou design en bois massif, plaqué, marqueté ou sculpté, auquel d'autres matériaux sont adjoints. On distingue trois activités dans le métier. En premier lieu, on connaît l'ébéniste qui conçoit et fabrique des meubles, copies d'anciens ou contemporains, à l'unité ou en petite série. Celui-ci peut mettre ses connaissances au service de l'industrie du meuble en concevant des prototypes pour la production en série. L'ébéniste « agenceur » aménage totalement un local, selon la demande de son client, grâce à du mobilier fixe ou mobile. Quant à l'ébéniste « restaurateur », il reproduit certaines pièces d'origine de meubles anciens à l'identique, dans un but de rénovation.

Le professionnel utilise les techniques modernes, comme l'informatique, et travaille des matériaux récents tels que le verre, le métal, le plastique, les matériaux de synthèse. À partir d'un cahier des charges détaillé, il exécute les plans du meuble, choisit le bois à utiliser, débite les planches, réalise les assemblages, pose les placages et les accessoires, pour finir par l'application des vernis, laques, cires et dorures.

L'homme de métier travaille à horaires réguliers en atelier. Un ébéniste accompli connaît l'histoire de l'art, aime la décoration et maîtrise le dessin et la géométrie dans l'espace. Une grande adaptabilité aux nouveaux matériaux et technologies et un tempérament créatif font aussi partie des prérequis. Les nombreuses structures artisanales, principal employeur du secteur, présentent des activités diversifiées : elles produisent des séries limitées, créent des pièces uniques et restaurent des meubles anciens. Parallèlement à celles-ci, de grandes structures répondent aux attentes de la clientèle du marché du haut de gamme. Les entreprises fabriquant des meubles en série pour la grande distribution sont une autre voie de recrutement mais pour un personnel très qualifié.

› De nombreux diplômes

L'apprentissage mène à l'obtention d'un CAP* Ébéniste ou des CAP Arts du bois option sculpteur ornemaniste et marqueteur. On peut préparer ensuite un Brevet professionnel Industries du bois, option ébéniste. Le Tour de France fait découvrir aux itinérants différentes techniques et styles régionaux. À cette occasion, il est conseillé de préparer le BAC pro Artisanat et Métiers d'Art option ébéniste, le Brevet de Maîtrise Ébéniste, le Brevet des Métiers d'Art Ébéniste ou le Diplôme des métiers d'art, spécialité Ébénisterie. Le BTS Productique bois et ameublement forme des techniciens connaissant parfaitement toute la chaîne de fabrication. L'ouvrier doué évolue vers les fonctions de chef d'atelier, de chef d'équipe ou de contremaître. Il peut opter également pour un poste de dessinateur, de technicien en bureau d'étude, ou s'installer comme chef d'entreprise.

› Être créatif pour distancer la concurrence

Dans les années à venir, aucune évolution des matériaux de base n'est envisagée. Le bois demeurera le plus utilisé mais de nouvelles essences arriveront, et l'ébéniste devra s'adapter. La réglementation européenne, impactant considérablement la sécurité des machines, les produits d'assemblage et de finition, conduira vers la réutilisation de certains produits comme la cire ou les teintes à l'eau. L'artisan se trouve confronté à la forte concurrence des grands distributeurs qui font fabriquer leurs produits dans des pays à la main d'œuvre peu chère. Le positionnement sur le haut de gamme, grâce à une qualité irréprochable de meubles aux lignes inédites, le différenciera auprès du grand public. En cela, il sera aidé par les nouvelles techniques issues de l'informatique, les outils à commandes numériques et les nouveaux assemblages. Associées aux gestes de métier traditionnels, elles permettront à l'ébéniste attentif aux tendances de réaffirmer son savoir-faire distinctif.

** Les diplômes sont portés à titre indicatif et ne sauraient constituer une référence puisque chez les Compagnons du Devoir, tout parcours professionnel est unique et personnalisé, adapté aux aspirations de chacun.*

Titres et diplômes

Niveau I ingénieur du paysage
- ITIAPE
- DPLLG

Niveau II
- Licence pro Aménagement paysager : conception, gestion, entretien
- Licence pro Gestion du patrimoine paysager végétal en milieu urbanisé
- Licence pro Conduite de chantiers en aménagements paysagers

Niveau III
- BTSA option Aménagements paysagers
- Certificat de spécialisation de collaborateur du concepteur paysagiste
- Certificat de spécialisation de gestion des arbres d'ornement

Niveau IV
- BP Travaux paysagers
- BAC pro travaux paysagers
- BAC Techno STAE spécialité technologie des aménagements
- Certificat de spécialisation (CS) Taille et soins aux arbres (élagage)
- Certificat de spécialisation (CS) Arrosage intégré

Niveau V
- CAPA Travaux paysagers
- BPA Travaux paysagers
- Certificat de spécialisation gestion des arbres d'ornement
- BEP Espaces verts

Emploi

Ouvrier jardinier paysagiste qualifié
Ouvrier jardinier paysagiste spécialisé

Jardinier-paysagiste indépendant
Technicien espaces verts

Responsable de secteur

Technico-commercial

Chargé d'études

Ingénieur des travaux paysagers

Chef d'équipe jardinier-paysagiste

Concepteur du paysage
Conducteur de travaux

Paysagiste d'intérieur
Chef d'entreprise
Formateur

JARDINIER-PAYSAGISTE

AGENCEMENT ET DÉCORATION

› Le maître des espaces verts

Le jardinier-paysagiste aménage et entretient les espaces verts publics ou privés. Selon les saisons, il plante, sème, engazonne, taille les végétaux. Il réalise des traitements préventifs ou curatifs pour lutter contre les maladies ou les mauvaises herbes. Équipé de matériel adapté, il procède à l'élagage, l'arrosage et la tonte. Ses interventions comprennent aussi les travaux de terrassement, la construction de murets, la pose de pavage et de clôtures, ainsi que l'installation de systèmes d'arrosage intégrés, de plans d'eau d'agrément. Pour installer des équipements extérieurs et variés dans les parcs et jardins, il doit faire preuve de compétences en maçonnerie, en électricité, en plomberie, en hydraulique et mécanique.

Trois types d'activités se distinguent dans ce métier : la conception, la création et l'entretien. La conception d'espaces paysagers est souvent faite par un bureau d'études. La réalisation de ces aménagements, privés ou publics, est faite par des entreprises de différentes tailles, employant des cadres et des ouvriers qualifiés dont les connaissances concrètes de jardinier sont mises à contribution. La création nécessite l'usage d'engins de plus en plus puissants et sophistiqués, tant en création qu'en entretien.

Au quotidien, le jardinier-paysagiste fait preuve de patience en raison du rythme des saisons, de mémoire pour les spécificités des végétaux et d'un sens aigu de l'observation. Professionnel à la constitution solide, il travaille seul ou en équipe de deux ou trois personnes, en plein air, aidé par un outillage moderne. L'homme de métier est sociable car il se déplace constamment chez ses clients et fait preuve de modestie face à la nature. Les femmes représentent un tiers des effectifs, mais seulement 5 % évoluent sur le terrain.

› Des tâches d'exécution à la conception

Lors du CAPA* Travaux paysagers, on apprend principalement les tâches d'exécution. À partir du BPA Ouvrier Hautement Qualifié en Jardins et Espaces Verts, du BAC pro Travaux paysagers ou du BP Travaux paysagers, réflexion et théorie sont au programme. Leurs titulaires peuvent alors prétendre à des postes d'encadrement comme chef d'équipe. Au niveau du BTSA Aménagements paysagers, on étudie le paysage, l'urbanisme, la conception. Avec de l'expérience et ces diplômes, il est possible de créer sa propre entreprise de travaux paysagers ou d'entretien d'espaces verts. Les jeunes découvrent, lors du Tour de France, des végétaux, des sols, des climats et des techniques différents en traversant diverses régions. Ils développent alors un savoir-faire distinctif dans ce secteur ultraconcurrentiel.

› Une spécialisation accrue des facettes du métier

Le métier se diversifiant de plus en plus, certaines spécialités voient le jour comme monteur-élagueur, jardinier de golf, installateur d'arrosage intégré, paysagiste d'intérieur... Le jardinier-paysagiste pourra maîtriser ces nouvelles compétences par l'obtention de certificats de spécialisation afin d'être polyvalent. Dans un monde dominé par le béton, le jardinier-paysagiste doit travailler adroitement la nature dans le paysage. Il est amené désormais à appréhender les projets au sein descommunes dans leur globalité. La profession devra par ailleurs apprendre à mesurer les conséquences environnementales de ses choix, dans un souci écologique.

** Les diplômes sont portés à titre indicatif et ne sauraient constituer une référence puisque chez les Compagnons du Devoir, tout parcours professionnel est unique et personnalisé, adapté aux aspirations de chacun.*

Titres et diplômes

Niveau III et plus
- Licence pro
- BTS Aménagement-finition
- Préparation au concours MOF (peinture ou peinture-décor)

Niveau IV
- MC Peinture-décoration
- BP Peinture-revêtement
- BAC pro Aménagement-finition

Niveau V
- CAP Peintre applicateur de revêtements
- CAP Solier moquettiste
- CAP Plâtrier-plaquiste
- CAP Doreur ornemaniste

Emploi

Ouvrier qualifié
Maître ouvrier
Chef d'équipe
Chef de chantier
Artisan/entrepreneur
Technico-commercial
Métreur-technicien de bureau d'étude
Chargé d'affaires
Conducteur de travaux

Consultant
Expert technique recherche et développement
Démonstrateur
Formateur professionnel

Peintre en bâtiment
Peintre décorateur

Peintre décorateur en bâtiment

› Le spécialiste des couleurs

Le peintre en bâtiment intervient en dernier dans la grande chaîne des métiers de la construction. Il exerce son activité dans le neuf, l'entretien ou la rénovation. Chez les particuliers, dans les magasins ou les bureaux, il apporte la touche finale aux façades, murs, plafonds, sols, portes, fenêtres, volets ou meubles. Le peintre participe à l'embellissement, la protection et l'assainissement des édifices. L'exercice de cette profession nécessite la maîtrise de savoir-faire diversifiés : travaux préparatoires minutieux et précis selon les supports et les futurs revêtements, peintures mates, laquées ou satinées, vernis, enduits décoratifs ou papiers peints exigent des techniques d'application spécifiques. Le peintre protège d'abord le chantier, prépare les supports à peindre (par lessivage, ponçage...), assure la planéité du support (par enduisages divers), applique les revêtements collés et les peintures avec des pinceaux, des rouleaux ou des pistolets.
Il est amené à réaliser des travaux annexes tels que isolation, cloisons, faux plafonds, corniches, vitrerie, revêtements de sol.
Le peintre-décorateur maîtrise l'art d'imiter le bois et le marbre, d'obtenir divers effets et trompe-l'œil. Certains d'entre eux achèvent leurs décors en appliquant de la dorure sur divers objets ou surfaces.

Ce professionnel exerce dans des entreprises de peinture, de décoration, de construction ou de rénovation. Les services d'entretien des collectivités territoriales, des compagnies immobilières et des grandes sociétés offrent aussi de nombreux débouchés. La majorité des entreprises de ce secteur d'activité sont artisanales. Si le peintre travaille souvent seul, il est en relation étroite avec les autres corps de métier (plâtrier, électricien, plombier...). Il intervient à l'intérieur comme à l'extérieur des bâtiments et utilise des échafaudages pour atteindre les zones en hauteur. Travailler avec les couleurs, harmoniser les nuances implique un réel sens artistique. Conseiller avisé, le peintre propose des solutions de décoration en fonction des souhaits des clients, de l'environnement et de l'aspect final recherché. Les nombreux contacts avec la clientèle et les maîtres d'œuvre nécessitent de bonnes qualités relationnelles. Le soin, la patience, l'habileté et la créativité sont d'autres dons essentiels pour exercer ce métier. Les femmes représentent une proportion importante et en constante progression des effectifs de ce métier.

› La polyvalence, un atout recherché

Le CAP* Peintre-applicateur de revêtement constitue le niveau de base requis pour devenir ouvrier qualifié. Le Brevet Professionnel Peinture revêtement, la Mention Complémentaire Peinture décoration, le BAC pro Aménagement et Finition du Bâtiment, le BTS Aménagement finition du bâtiment, voire une licence professionnelle, permettent de se perfectionner. Les entreprises recherchent des peintres qualifiés et polyvalents.
Diversifier ses compétences par des formations complémentaires est donc conseillé. Un peintre diplômé et expérimenté peut obtenir des postes à responsabilité : chef d'équipe, chef de chantier, métreur, conducteur de travaux, chargé d'affaires, formateur, démonstrateur, technico-commercial. Avec des connaissances en gestion et en comptabilité, il est possible de s'installer à son compte comme artisan ou entrepreneur, ou de reprendre une entreprise, la demande n'ayant jamais été aussi forte. Le Tour de France mène au succès grâce à la diversité des techniques et des produits rencontrés selon les climats, les régions et les pays. Les peintres

portent comme nom de Compagnon une qualité ou un trait de caractère qu'ils possèdent ou désirent acquérir, accolé à leur ville natale *(La Patience de Lille).*

› L'environnement, une préoccupation du métier

Les matériaux utilisés par le peintre évoluent sans cesse : ils sont plus performants et possèdent de multiples propriétés inédites (effets de matière et de surface)
En particulier, le peintre bénéficie désormais de nouveaux produits respectueux de l'environnement et de la santé.
Il doit se tenir informé en permanence des nouveautés et faire preuve d'une grande capacité d'adaptation.

** Les diplômes sont portés à titre indicatif et ne sauraient constituer une référence puisque chez les Compagnons du Devoir, tout parcours professionnel est unique et personnalisé, adapté aux aspirations de chacun.*

PARCOURS PROFESSIONNEL
PLÂTRIER-PLAQUISTE

Titres et diplômes

Niveau III et plus
- Licence pro
- BTS Aménagement-finition
- Préparation au concours MOF (plâtrerie-gypserie ; plâtrerie sèche-isolation ; staff ou stuc)

Niveau IV
- Brevet professionnel Plâtrerie plaque
- BAC pro Aménagement-finition

Niveau V
- CAP Plâtrerie-plaquiste
- CAP Staffeur-ornemaniste
- Mention complémentaire plaquiste
- CAP Peintre applicateur de revêtement
- CAP Carreleur mosaïste

Emploi

Ouvrier qualifié
Maître ouvrier
Chef d'équipe
Chef de chantier
Artisan/entrepreneur
Technico-commercial
Métreur-technicien de bureau d'étude
Chargé d'affaires
Conducteur de travaux

Consultant
Expert technique recherche et développement
Démonstrateur
Formateur professionnel

Plaquiste
Plâtrier (ou plâtrier-peintre ; ou plâtrier-carreleur)
Staffeur (fabrication et/ou pose)
Stucateur
Gypsier
Âtrier
Mouleur statuaire
Escaliéteur

Plâtrier-plaquiste

AGENCEMENT-FINITION ET DÉCORATION

› Le spécialiste de l'aménagement intérieur

Le plâtrier-plaquiste intervient lorsque les travaux de gros œuvre sont achevés. Pivot des métiers du second œuvre, il aménage, restaure, décore et isole les espaces de vie. Du sol au plafond, il intervient sur tout type d'ouvrage neuf ou en rénovation : maisons, bureaux, bâtiments de prestige, salles de spectacle, monuments historiques. Par ses connaissances, le plâtrier-plaquiste a un rôle primordial dans l'isolation et la performance du bâtiment.

Pratiquer les métiers du plâtre chez les Compagnons du Devoir, c'est utiliser un matériau de base, le plâtre, dans différents domaines d'activités. La plâtrerie traditionnelle consiste à réaliser des ouvrages (cloisons, plafonds, escaliers, enduits colorés, cirés) avec du plâtre en poudre mélangé à de l'eau. La mécanisation et l'amélioration des produits facilitent grandement le travail. La gypserie permet d'exécuter et de restaurer des décors (corniches, moulures) directement sur place en calibrant, modelant ou sculptant du plâtre en poudre mélangé à de l'eau. La plâtrerie sèche permet de mettre en œuvre des plafonds, cloisons, ouvrages décoratifs, en assemblant des plaques de plâtre par vissage sur ossature métallique ou par collage.
À ces deux domaines principaux s'ajoutent le staff et le stuc. Le staff permet de réaliser des ouvrages décoratifs aux motifs, volumes et formes sans limite (voûtes, colonnes, rosaces), en exécutant en atelier des modèles, des moules et des moulages en plâtre armé de fibres, ensuite assemblés sur le chantier. Les stucs sont des enduits décoratifs (stucs pierre, stucs marbre) composés de plâtre, de couleurs, de poussière de pierre ou de marbre, destinés à imiter des marbres ou des pierres. L'isolation contribue à améliorer le confort de vie et la sécurité en utilisant des produits isolants sur les plans thermique, phonique et acoustique. De plus, le plâtre étant ignifuge, il est utilisé pour la protection feu des constructions.

Plâtrier-plaquiste

Pratiquer les métiers du plâtre requiert de nombreuses qualités : la motivation, le goût pour l'art et les styles, le sens de l'esthétique, la propreté, la créativité, la sociabilité et l'esprit d'initiative. Contrairement à une idée reçue, il n'est pas nécessaire d'avoir une résistance physique exceptionnelle. Les femmes sont de plus en plus nombreuses à exercer ce métier.
Les praticiens des métiers du plâtre travaillent dans des entreprises du bâtiment souvent artisanales, spécialisées dans l'aménagement, la restauration, la décoration et l'isolation. Ils exercent le plus souvent en équipe de deux ou trois et sont en relation étroite avec les autres corps de métier (électricien, plombier...), les clients et les maîtres d'oeuvre. L'activité est répartie sur l'ensemble du territoire, selon la densité de population.

› Connaître les différentes techniques des métiers du plâtre, un atout remarquable

Les principaux diplômes pouvant être préparés sont le CAP* Plâtrier-plaquiste, le CAP Staffeur ornemaniste, la Mention Complémentaire Plaquiste, le BP Plâtrerie et plaques, le BAC pro Aménagement et Finition du Bâtiment, le BTS Aménagement et Finition du Bâtiment que peut venir compléter une licence professionnelle. Par ailleurs, dans certaines régions, des connaissances complémentaires en peinture ou en carrelage sont une vraie valeur ajoutée. L'ensemble de la profession manque cruellement de main d'œuvre qualifiée, ce qui offre de bons débouchés aux jeunes du métier et permet de prendre rapidement des responsabilités. Avoir une formation complète sur l'ensemble des secteurs du métier est alors très recherché. Le Tour de France représente l'opportunité unique de découvrir la diversité des techniques. Créer sa propre entreprise est relativement facile et il existe de nombreuses affaires à reprendre. Une bonne formation et une expérience confirmée permettent d'accéder aux fonctions d'encadrement, de formateur, d'artisan ou chef d'entreprise. Les praticiens des métiers du plâtre portent comme nom de Compagnon une qualité ou un trait de caractère qu'ils possèdent ou souhaitent acquérir, accolé à leur ville de naissance *(La Persévérance de Poitiers).*

› Variations autour de l'espace temps

Deux grandes évolutions techniques ont profondément modernisé la pratique des métiers du plâtre : la mécanisation qui permet d'appliquer le plâtre sur les supports à l'aide de machines à projeter, ce qui facilite grandement le travail, ainsi que la pose de plaques de plâtre sur ossature métallique qui offre une alternative intéressante à la plâtrerie traditionnelle et au staff.
De nouveaux matériaux, de nouvelles techniques sont mis quotidiennement à la disposition des professionnels pour leur faciliter la tâche et leur permettre de mieux répondre aux attentes des clients. L'informatique, le Dessin et la Conception Assistés par Ordinateur (DAO, CAO), le matériel et l'outillage de plus en plus sophistiqués font partie de l'univers des praticiens des métiers du plâtre d'aujourd'hui. De plus, l'importance du patrimoine architectural français et l'évolution des réglementations dans le bâtiment, notamment d'un point de vue thermique, augurent d'un avenir souriant pour la profession. Alliant tradition et modernité, les métiers du plâtre, comme l'ensemble des métiers de l'aménagement et de la finition, sont tournés vers l'avenir et participent au confort de vie et au bien-être de nos concitoyens.

** Les diplômes sont portés à titre indicatif et ne sauraient constituer une référence puisque chez les Compagnons du Devoir, tout parcours professionnel est unique et personnalisé, adapté aux aspirations de chacun.*

Titres et diplômes

Niveau III et plus
- BTS Industrie des matériaux souples
- BTS Design de produit
- DMA Arts de l'habitat option décor et mobilier

Niveau IV
- BP Ameublement tapisserie-décoration
- BM Tapissier d'ameublement
- BTM Tapissier décorateur option garniture

Niveau V
- CAP Tapissier d'ameublement en siège

© Marie Flores - Partenariat Compagnons du Devoir - VIA (Valorisation de l'Innovation dans l'Ameublement) Designer : Philippe Nigro – Prototypistes : Tapissiers et Selliers en formation chez les Compagnons du Devoir (Paris/Milan 2008)

Emploi

Responsable de bureau d'études
Consultant

Artisan / chef d'entreprise
Tapissier d'ameublement

Agent de méthode

Technico-commercial

Prototypiste
Responsable d'atelier
Responsable de chantier
Tapissier d'ameublement

Tapissier industriel

Formateur

Tapissier

CUIR ET TEXTILES

› Un acteur essentiel de la décoration intérieure

Le tapissier habille toutes sortes de meubles avec des matières naturelles ou synthétiques, et participe à des travaux de décoration en posant du tissu aux murs ou en habillant les fenêtres de rideaux ou de voilages. Il pose tout élément contribuant à l'agencement de l'intérieur (stores, tringles, moquette). Les sièges contemporains ou de style demeurent toutefois le mobilier sur lequel il œuvre principalement. Il travaille à partir de la carcasse d'un fauteuil qu'il recouvre de tissu après l'avoir garnie de crin ou de mousse synthétique. Il réalise à la main ou à la machine les tentures ou les voilages. La réparation et l'entretien lui incombent également. Ses clients sont des particuliers et des professionnels : des antiquaires, des ébénistes, des architectes d'intérieur, des collectivités publiques ou de grandes entreprises.

Les outils modernes sont au service des gestes de métier ancestraux et des techniques traditionnelles. L'emploi de matériaux actuels apporte aux réalisations des tapissiers de nouvelles propriétés : anti-feu, anti-taches, anti-acariens... Ces évolutions notables n'ont pourtant pas transformé radicalement le métier : en effet, 80 % de la profession exercent dans des entreprises artisanales traditionnelles qui travaillent surtout dans les domaines de la rénovation et de la décoration. Les entreprises produisant du mobilier en série pour la grande distribution constituent l'autre branche du secteur, l'activité de la tapisserie s'étant industrialisée, notamment dans la fabrication des sièges.

Le tapissier maîtrise l'histoire des styles et suit les tendances afin de répondre aux attentes de la clientèle. Créatif et méticuleux, adroit de ses mains, il travaille sur chantier pour la pose, en atelier pour la fabrication ou en magasin pour la vente. De caractère sociable, l'homme de métier a de nombreux contacts avec les clients chez qui il se déplace pour établir des devis et poser les éléments de décoration achevés. La profession est accessible à tous et deux tiers de ses membres sont aujourd'hui des femmes.

› Un artisan-artiste

Les CAP* Tapissier d'ameublement en siège et Tapissier d'ameublement en décor, puis un BAC pro Artisanat et métiers d'art, option tapisserie d'ameublement permettent de travailler comme ouvrier qualifié. Le Brevet Professionnel Tapisserie d'Ameublement, le Brevet de Maîtrise Tapissier d'ameublement font du jeune diplômé un professionnel accompli. Se mettre à son compte est aisé car cela nécessite peu d'investissement matériel. Les autres évolutions professionnelles possibles sont les fonctions de prototypiste (créateur de modèles), responsable de production, chef d'équipe dans un cadre artisanal, contremaître dans une grande entreprise, décorateur ou encore architecte d'intérieur. Le Tour de France se révèle un véritable atout car il permet au tapissier de côtoyer des ébénistes, des plâtriers, métiers voisins de son activité, et de découvrir d'autres pratiques de métier.

› Du geste de métier au conseil client

Le tapissier sera amené dans un futur proche à devenir un véritable conseiller en décoration pour se différencier des chaînes de grande distribution. À une époque où l'on change souvent sa décoration intérieure, la personnalisation au goût du client demeurera l'intérêt majeur de son offre. Afin de rester un spécialiste de l'aménagement intérieur, il sera attentif à l'apparition de matériaux inédits et envisagera la vente de produits finis, tels que les rideaux pour se maintenir face à la concurrence des chaînes de décoration. Dans une optique de pérennité, la profession persévérera dans les travaux de prestige sur lesquels repose son histoire, tout en lançant des modes pour susciter les envies de sa clientèle. Cela l'imposera définitivement comme un acteur incontournable du confort de l'habitat.

** Les diplômes sont portés à titre indicatif et ne sauraient constituer une référence puisque chez les Compagnons du Devoir, tout parcours professionnel est unique et personnalisé, adapté aux aspirations de chacun.*

Titres et diplômes

Niveau III et plus

- Licence pro
- BTS Aménagement-finition
- Préparation au concours MOF (carrelage ou mosaïque d'art)

Niveau IV

- Brevet pro Carrelage-mosaïque
- BAC pro Aménagement-finition

Niveau V

- CAP Carreleur mosaïste
- CAP Plâtrerie-plaquiste
- CAP Solier moquettiste
- CAP Maçon

Emploi

Ouvrier qualifié
Maître ouvrier
Chef d'équipe
Chef de chantier
Artisan/entrepreneur
Technico-commercial
Métreur-Technicien de bureau d'étude
Chargé d'affaires
Conducteur de travaux

Consultant
Expert technique recherche et développement
Démonstrateur
Formateur professionnel

Carreleur
Céramiste
Carreleur-Marbrier
Mosaïste

› Le spécialiste des sols céramiques

Le carreleur mosaïste intervient dans le bâtiment après le passage du plâtrier plaquiste, lors des travaux de finition. Bien que pratiqué depuis de nombreuses années par des Compagnons plâtriers et maçons, ce métier vient d'apparaître en temps que tel dans le Compagnonnage du Devoir. Aujourd'hui, il intervient sur tout type d'ouvrages neufs ou en rénovation : maisons, bureaux, bâtiments de prestige, piscines et centres aquatiques, centres commerciaux, sols industriels.

Être carreleur chez les Compagnons du Devoir, c'est habiller les surfaces verticales ou horizontales en les revêtant de carreaux céramiques ou de matériaux analogues. Après avoir effectué un relevé très précis de l'ouvrage (niveaux, planéité, équerrages, cotes) et analysé le cahier des charges de la pièce (système de chauffage, fonction de la pièce et du revêtement choisi), nous préparons le support à l'aide de tous matériaux à notre disposition, comme les éléments maçonnés ou hourdés au plâtre, les panneaux de construction vissés ou collés (plaque de plâtre, de ciment, de polystyrène extrudé, etc.). Le traçage rigoureux des repères permettra le confort d'utilisation et de marche et, bien sûr, le bon alignement des carreaux qui contentera l'œil. Une fois les carreaux scellés avec du mortier ou collés, nous réalisons les joints avec du mortier de ciment gris, blanc ou teinté. Le résultat obtenu est à la fois décoratif, résistant et facile d'entretien.

Compte tenu de l'évolution actuelle des marchés, choisir le métier de carreleur, c'est se préparer un avenir et une situation confortables. Il faut avant tout de l'imagination pour concevoir le décor adapté à la fois aux contraintes de l'espace et aux attentes des utilisateurs. Mais, le carreleur doit aussi être très rigoureux et précis pour réaliser le parfait assemblage des carreaux (calepinage) en fonction du support. Il exerce le plus souvent en équipe de deux ou trois et est en relation étroite avec les autres corps de métier (électricien, plombier...), les clients et les maîtres d'œuvre. L'activité est répartie sur l'ensemble du territoire, selon la densité de population. Contrairement à une idée reçue, il n'est pas nécessaire d'avoir une résistance physique exceptionnelle. Les femmes sont de plus en plus nombreuses à exercer ce métier. Les praticiens des métiers du plâtre travaillent dans des entreprises du bâtiment souvent artisanales spécialisées dans l'aménagement, la restauration, la décoration et l'isolation.

› La formation, le perfectionnement et la polyvalence, des atouts remarquables

Les principaux diplômes pouvant être préparés sont le CAP* Carreleur Mosaïste, le BP Carrelage et Mosaïque, et tout comme les autres métiers de la filière finition, le Bac pro Aménagement et Finition du Bâtiment, le BTS Aménagement et Finition du Bâtiment que peut venir compléter une licence professionnelle. Du fait d'un grand nombre d'entreprises positionnées sur tous les types de sols, il est intéressant de compléter ses connaissances par une formation de solier moquettiste. Par ailleurs, dans certaines régions, des connaissances complémentaires en plâtrerie et/ou en maçonnerie sont une vraie valeur ajoutée. La profession manque de main d'œuvre polyvalente qualifiée, capable de réaliser autant les poses scellées que collées et maîtrisant le diagnostic des supports. Les carreleurs porteront comme nom de Compagnon une qualité ou un trait de caractère qu'ils possèdent ou souhaitent acquérir, accolé à leur ville de naissance *(La Volonté de Brest)*.

› Révolution de la technique de mise en oeuvre

Traditionnellement, le carreleur posait ses carreaux en même temps qu'il réalisait la chape. Aujourd'hui, du fait de la diffusion des techniques de planchers chauffants, de la généralisation des chapes anhydrites liquides et de l'amélioration des colles et adhésifs, la grande majorité des carreaux et revêtements céramiques sont collés.
Ces mêmes paramètres ont permis de libérer la créativité des fabricants de carreaux et designers pour proposer désormais des multitudes de tailles, de formes, de couleurs et d'aspect de finition, faisant du carreleur un acteur incontournable de la décoration et du confort des bâtiments.

** Les diplômes sont portés à titre indicatif et ne sauraient constituer une référence puisque chez les Compagnons du Devoir, tout parcours professionnel est unique et personnalisé, adapté aux aspirations de chacun.*

Titres et diplômes

Niveau II
- Licence pro Bâtiment et construction
- Licence pro Éco-conception des structures en bois

Niveau III
- BTS Charpente couverture
- BTS Systèmes constructifs bois et habitat

Niveau iV
- BP Charpentier
- BAC pro Technicien constructeur bois
- Technicien études en construction bois

Niveau V
- CAP Charpentier bois
- CAP Constructeur bois
- Titre professionnel charpente option : maison ossature bois, escalier, couverture

Emploi

Chef d'entreprise PME-PMI

Ingénieur d'études
Chargé d'affaires
Conducteur de travaux

Chef de chantier
Assistant chef de chantier
Technicien de bureau d'études
Métreur / bureau d'études

Chef d'équipe pose charpente et couverture
Chef d'équipe

Compagnon professionnel
Ouvrier charpentier

› Un savoir-faire traditionnel

Ce professionnel conçoit et réalise en atelier et sur chantier des structures porteuses destinées aux murs, aux planchers et aux charpentes. Ces ouvrages sont exécutés pour du neuf ou de la restauration, dans le secteur public ou privé. Les activités sont multiples : charpente traditionnelle, industrielle ou lamellé collé, maisons à ossature bois, escaliers, coffrages, aménagements de combles, étaiements.

À partir des plans fournis par l'architecte ou le bureau d'études, le charpentier effectue l'épure : il dessine en grandeur réelle sur le sol de l'atelier les formes de l'ouvrage avec les détails d'exécution. Suite au choix du bois, il trace et taille les éléments de la charpente, puis procède à un assemblage en atelier pour vérifier la conformité de l'ouvrage. L'ensemble est ensuite transporté sur le chantier pour le levage, l'assemblage et le montage définitif sur le bâtiment. Le métier ne cesse de se mécaniser et de diversifier les matériaux utilisés. Dessiner, concevoir, scier, assembler continuent à se faire de façon traditionnelle, mais diverses opérations se sont automatisées. L'évolution des techniques offre aujourd'hui de meilleurs instruments de travail : le dessin et le calcul sont assistés par ordinateur, les opérations de taille sont réalisées de plus en plus par des machines à commandes numériques, et les moyens de levage modernes facilitent grandement la manutention.

Ces professionnels, présents dans toutes nos régions, sont employés dans des entreprises de charpente bois, dans des entreprises artisanales de fabrication d'escaliers, dans des entreprises de construction de maisons à ossature bois ou dans des entreprises de gros œuvre. Plus de deux tiers des acteurs du secteur sont de petites entreprises artisanales. L'homme de métier aime le travail d'équipe en plein air, sur des chantiers souvent en hauteur mais sécurisés. Amoureux du bois, spécialiste de la science de la résistance des matériaux et de la science du trait, le charpentier possède des notions d'informatique pour se servir des logiciels disponibles dans le domaine. Véritable pivot du chantier, son intervention signe des moments importants de l'avancée du chantier. De plus en plus de femmes s'orientent dans cette profession.

› Des promotions remarquables

Le charpentier débute sa formation par un CAP* Charpentier bois ou un CAP Constructeur bois. Il peut enchaîner par un Brevet professionnel Charpentier ou par un brevet de maîtrise. Le BAC pro Bois construction et aménagement du bâtiment, ainsi que le BTS Charpente couverture sont des diplômes différentiateurs. Le charpentier (surnommé « Bois de bout ») effectuant le Tour de France découvre à chaque étape des techniques différentes, le caractère des constructions régionales ainsi qu'une expérience humaine riche d'enseignement. Une telle expérience et une connaissance concrète du métier acquise dans l'entreprise, durant les cours du soir et au travers des stages de formation continue, permettent d'accéder rapidement aux postes de chef d'équipe, de chef d'atelier, de conducteur de travaux, de chef de chantier et aux fonctions d'études, puis aux responsabilités de chef d'entreprise.

› Un métier d'avenir

Face au formidable développement de la construction bois lié à la politique de développement durable, à l'engouement du consommateur à l'égard du matériau bois et à l'écologie, le métier de charpentier constructeur bois évolue, grâce à l'emploi de nouveaux produits de construction industrialisés, à l'évolution de la réglementation et à l'évolution des techniques de fabrication. Le métier promet aujourd'hui de réelles perspectives d'avenir.

** Les diplômes sont portés à titre indicatif et ne sauraient constituer une référence puisque chez les Compagnons du Devoir, tout parcours professionnel est unique et personnalisé, adapté aux aspirations de chacun.*

Titres et diplômes

Niveau III et plus
- BTS Enveloppe du bâtiment : façade, étanchéité
- CQP Technicien d'étude et de chantier option couverture

Niveau IV
- BP Couvreur
- BP Étancheur
- BM Couvreur

Niveau V
- CAP Couvreur
- CAP Étancheur
- CQP Étancheur-bardeur
- MC Zinguerie
- CCP Couvreur-zingueur

Emploi

Secteur traditionnel :
Couvreur
Étancheur bardeur
Chef d'équipe
Chef de chantier
Métreur / bureau d'études
Conducteur de travaux
Chargé d'affaires
Directeur d'agence
Chef d'entreprise

Secteur industriel :
Couvreur
Étancheur bardeur
Chef d'équipe
Chef de chantier
Métreur / Bureau d'études
Conducteur de travaux
Chargé d'affaires
Directeur d'agence
Chef d'entreprise

Fabricant :
Technicien
Prescripteur

Distribution :
Technico-commercial

Formation / Conseil :
Formateur
Gestionnaire de centre de formation

Couvreur, bardeur, étancheur

› L'homme des airs

Le couvreur réalise l'enveloppe d'une construction (toits et murs) pour la protéger des intempéries et des variations climatiques. De son intervention dépendra l'aspect esthétique final du bâtiment. Ses chantiers sont variés : maisons, centres commerciaux, édifices publics (écoles, piscines, hôpitaux), monuments historiques.
Son champ de compétences comprend l'étude, la mise en sécurité, la validation des supports et la mise en œuvre des matériaux adaptés à la demande. Les caractéristiques géographiques, culturelles et climatiques des chantiers influent sur le choix du matériau de revêtement à utiliser : matériaux traditionnels locaux (ardoises, tuiles, lauze, chaume), matériaux métalliques (zinc, cuivre, inox), matériaux contemporains (panneaux composites, verre, membrane souple). Il peut aussi réaliser des travaux complémentaires comme les économies d'énergies, récupérateur d'eaux pluviales, végétalisation des terrasses, capteurs solaires ou produits de domotique.

Un attrait pour le travail d'équipe à l'extérieur doit animer ce spécialiste, sportif et méthodique, capable de faire appel à des techniques annexes comme la charpente, la maçonnerie, l'électricité. Mobile, il change régulièrement de chantier et doit s'adapter aux aléas climatiques.
Les PME sont plutôt spécialisées en couverture traditionnelle tandis que les grandes entreprises de couverture industrielle se consacrent aux chantiers contemporains d'envergure. Le métier se caractérise par la diversité des matériaux et des techniques employées.

› Des diplômes variés pour un métier aux multiples facettes

Le vieillissement des effectifs laisse de nombreux postes vacants. La formation initiale diplômée par le CAP* Couverture permet de devenir ouvrier qualifié. Le perfectionnement est envisageable grâce au Brevet Professionnel Couverture et au BTS Enveloppe du bâtiment. La formation Conducteur de travaux offre des possibilités d'évolution intéressantes. Grâce au Tour de France, les jeunes découvrent les caractéristiques régionales des couvertures et les chantiers de prestige. Les possibilités du métier de couvreur sont chef d'équipe, chef de chantier, conducteur de travaux, ingénieur commercial, développeur en bureau d'étude, chef d'entreprise.

› Le développement durable, un futur axe de croissance

Après avoir été traditionnel, le métier de couvreur se modernise. L'homme de métier profitera demain des bienfaits de la mécanisation en toute sécurité et à un coût acceptable. Les performances des matériaux seront accrues, les systèmes de couverture issus de l'industrie gagneront en modularité, leur mise en œuvre sera pensée dans un esprit de confort et de sécurité. Le développement durable et les économies d'énergie, notamment grâce aux panneaux solaires, seront complètement intégrés dans la conception de la couverture. Les toits et les murs des constructions ne feront plus qu'un pour une intégration complète au paysage. Le couvreur répondra ainsi aux besoins créés par nos choix de vie.

** Les diplômes sont portés à titre indicatif et ne sauraient constituer une référence puisque chez les Compagnons du Devoir, tout parcours professionnel est unique et personnalisé, adapté aux aspirations de chacun.*

PARCOURS PROFESSIONNEL
MAÇON

Titres et diplômes

Niveau II
- Licence pro Présentation et mise en valeur du patrimoine bâti

Niveau III
- BMS Bâtiment
- BTMS Métiers de la pierre
- BTS Bâtiment

Niveau IV
- BAC pro Intervention sur le patrimoine bâti
- BP Construction en maçonnerie et béton armé
- MC Restauration du patrimoine architectural
- BAC pro Technicien du bâtiment : organisation et réalisation du gros-oeuvre
- BM Maçon

Niveau V
- BEP des techniques du gros-oeuvre du bâtiment
- CAP Carreleur mosaïste
- CAP Constructeur en béton armé du bâtiment (CBAB)
- CAP Maçon

Emploi

Chef de chantier
Consultant conseil
Maçon
Métreur
Chef d'entreprise PME-PMI
Artisan
Coffreur bancheur
Compagnon professionnel
Chef d'équipe
Conducteur de travaux
Agent de méthode
Coordinateur de sécurité (SPS)
Responsable de développement
Technico-commercial
Formateur

› Bâtisseur dans l'âme

Le maçon implante et édifie l'ensemble d'une construction en réalisant les fondations, les murs, les sols, les cloisons, les escaliers et les enduits. Il crée tous les éléments porteurs dans le respect des plans, du niveau et de l'aplomb. Pour cela, aidé d'engins de manutention, il assemble des matériaux variés comme la brique ou la pierre et met en place le béton. La pose de panneaux de murs préfabriqués ou de dalles en béton lui garantit une grande rapidité d'exécution. Il utilise des outils à main, comme la truelle et le fil à plomb, et des équipements mécaniques, comme les matériels électroportatifs ou pneumatiques. Tous les corps de métiers s'organisent autour de son intervention sur le chantier.

Le maçon évolue dans des entreprises du bâtiment, de travaux publics, de réhabilitation, de rénovation de monuments historiques, voire même de démolition. Les ouvrages de maçonnerie sont variés : maisons individuelles, logements collectifs, locaux commerciaux, bâtiments industriels, infrastructures publiques : ponts, stades, hôpitaux… Il utilise des techniques de construction traditionnelles telles que la pierre, le pisé, la terre crue, ou s'appuie sur des procédés industrialisés tels les blocs de béton ou de terre cuite, ou encore les bétons spécifiques et des éléments de construction préfabriqués. Cette diversité des chantiers renouvelle et accroît son intérêt.

Les maçons travaillent en petites équipes dans les structures artisanales. Dans les grandes entreprises du BTP ou du bâtiment, les nombreux ouvriers répartis en plusieurs équipes œuvrent sous la direction de chefs d'équipe, eux-mêmes dirigés par un chef de chantier. Le métier est en perpétuelle évolution grâce à l'apparition de techniques et de matériaux inédits. La multiplication du matériel de manutention (grues et nacelles) a permis de supprimer la pénibilité du travail et le matériel de sécurité a augmenté la protection des hommes de métier. Sociable et autonome, le maçon travaille généralement en plein air et en équipe. Soumis quotidiennement aux intempéries, il fait preuve de résistance physique car les charges à transporter restent souvent lourdes, malgré les techniques de levage modernes. Ce métier implique d'autre part une certaine mobilité car il faut se déplacer sur les chantiers, voire y séjourner pendant leur durée.

› De l'avenir pour le maçon ambitieux

La formation débute par un CAP* Maçon ou Constructeur en béton armé du bâtiment ou un BEP Construction bâtiment gros œuvre. On peut enchaîner sur un Brevet professionnel Construction en maçonnerie et béton armé, sur un BAC pro Construction bâtiment gros œuvre, ou sur un BTS Bâtiment. Le Tour de France permet aux jeunes d'utiliser des matériaux régionaux (la brique dans le Nord, le grès des Vosges en Alsace...). Ce métier offre de belles possibilités de carrière vers des postes à responsabilité : chef d'équipe, chef de chantier, métreur, conducteur de travaux, directeur de travaux, architecte, chef d'entreprise. Pour s'installer à son compte, il est conseillé d'avoir au moins le niveau BAC et d'avoir occupé un poste de cadre plusieurs années.
Le nom compagnonnique des maçons se compose d'une vertu à acquérir et du nom de leur ville natale *(La Patience du Mans)*. Sur le Tour de France, on les surnomme « les Gamates », du nom de leurs auges à mortier.

› De constantes évolutions pour plus de souplesse

Les nouvelles options de choix des matériaux et de leur mise en œuvre, ainsi que la réhabilitation, se révèlent les tendances directrices de l'avenir du métier. Les réglementations récentes relatives aux domaines du thermique, de l'acoustique ou de la santé, feront évoluer les techniques, tout comme les notions d'écologie pour des chantiers plus propres. À l'avenir, le matériel continuera à se miniaturiser, la sécurité des postes de travail s'améliorera encore au bénéfice du maçon. Le poids de la main d'œuvre diminuera du fait de la robotisation croissante. Les maçons, loin des manœuvres de jadis, s'affirmeront alors comme des hommes qualifiés et polyvalents, capables d'une grande adaptabilité.

** Les diplômes sont portés à titre indicatif et ne sauraient constituer une référence puisque chez les Compagnons du Devoir, tout parcours professionnel est unique et personnalisé, adapté aux aspirations de chacun.*

Titres et diplômes

Niveau II et plus
- Licence pro Production industrielle bois ameublement
- Licence pro Sciences de l'ingénieur (CNAM)

Niveau III
- BTS Productique bois et ameublement
  Option A : Développement et Industrialisation
  Option B : Production et Gestion Industrielle
- BTS Agencement de l'environnement architectural
- BTS Technico commercial

Niveau IV
- BP Menuisier
- BAC pro Technicien menuisier agenceur
- BAC pro Technicien de fabrication bois et matériaux associés

Niveau V
- CAP Menuisier fabricant
- CAP Menuisier installateur
- BEP Bois et matériaux associés

MENUISIER

Emploi

Menuisier :
monuments historiques, patrimoine
menuiseries extérieures
menuiseries intérieures (portes, parquet
lambris, mobilier intégré)
menuiserie générale du bâtiment

Agenceur :
magasin, hôtels, restaurants,
particuliers, aviation et bateaux
Escaliéteur
Chef d'équipe

Responsable de production

Responsable qualité

Poseur : agencement

Poseurs en bâtiment :
menuiseries extérieures :
Bois / PVC / Aluminium (portes, cloisons,
parquets, plafonds, ossature bois et
mobilier urbain)

Chef d'équipe
Chef de chantier
Dessinateur
Technicien de bureau d'études
Responsable bureau d'études
Créatif : Recherche et Développement
Conducteur de travaux
Métreur
Chargé d'affaires
Artisan / Chef d'entreprise
Formateur / Enseignant
Technico-commercial

Menuisier

AGENCEMENT ET DÉCORATION

› Amoureux du bois

Le menuisier façonne le bois, les matériaux composites et de synthèse pour aménager, décorer ou restaurer divers espaces : logements, bâtiments publics, monuments historiques.
Il réalise les portes des bâtiments, les fenêtres, les escaliers, les revêtements muraux, les parquets, mais aussi les aménagements de magasins, de bureaux et d'appartements.
Parfois, il est amené à exécuter des travaux d'isolation ou d'insonorisation.
Ce professionnel est très ouvert quant au choix et à la mise en œuvre des matériaux. Il travaille le bois, bien sûr, mais aussi, le contreplaqué, l'aggloméré (panneaux de particules de bois), tous les panneaux reconstitués, les placages, les stratifiés, mais aussi les nouveaux matériaux comme les composites, les résines de synthèse, les nids d'abeille, les tissus carbone, les produits de finition, teintes, vernis, huiles, lasures, laques.
Chaque année, il découvre de nouveaux matériaux.

La réalisation des plans d'exécution de l'ouvrage et le choix du matériau précèdent la fabrication. En atelier, le menuisier procède à la découpe des pièces à l'aide de machines à bois, puis il les assemble selon un plan de montage et de pose. La dernière étape consiste à assurer à la main la finition des travaux par des revêtements variés, comme des laques ou vernis. Dans une entreprise artisanale, le menuisier mène le projet jusqu'à l'installation finale. Au sein d'une grande entreprise, il peut être assigné à la pose, les plans ayant été conçus au bureau d'étude.

Cet homme de métier polyvalent travaille en atelier et sur chantier en équipe, à l'intérieur comme à l'extérieur. Minutieux et habile, faisant preuve d'une certaine sensibilité esthétique, le menuisier

connaît la géométrie et les bases de la maçonnerie, de l'électricité et de l'étanchéité. Sociable, le menuisier est amené à échanger souvent avec la clientèle et les autres corps de métier du bâtiment. Les femmes s'orientent de plus en plus vers cette profession.
Les menuisiers sont recrutés en majorité par des entreprises artisanales situées sur tout le territoire. 80 % des entreprises de menuiserie sont artisanales ou de très petite taille (deux à trois personnes). Cela s'explique peut-être par la facilité à s'installer à son compte malgré l'investissement dû à l'équipement machines. Les entreprises fabriquant des portes ou des aménagements en série pour la grande distribution constituent une autre voie de recrutement pour un personnel expérimenté.

› Des formations multiples

Suite à un CAP* Menuisier fabricant ou Menuisier installateur, le jeune accède à un poste d'ouvrier qualifié. En enchaînant sur un Brevet Professionnel, un BAC pro Technicien Menuisier Agenceur ou Aménagement Finition, un BTS Productique Bois et Ameublement ou un BTS Agencement de l'Environnement Architectural, une licence professionnelle Production Industrielle Bois Ameublement ou une licence professionnelle Sciences de l'Ingénieur, il peut obtenir un poste de chef d'atelier, chef d'équipe, chef de chantier, responsable de production, responsable qualité, dessinateur, technicien de bureau d'étude, conducteur de travaux, chargé d'affaire, créatif (recherche et développement) dans une grande entreprise. Certains pourront devenir artisan, chef d'entreprise ou responsable commercial. De multiples formations permettent de se spécialiser dans l'agencement. Le Tour de France (Tour du monde) est un moyen pour les « Pots à colle » (surnom des menuisiers sur le Tour) d'acquérir diverses techniques, selon les régions parcourues, et de se différencier auprès des employeurs et du marché.

› Délocalisation et transformation

De par la mondialisation, les produits jusqu'ici régionaux se fabriquent à bas coût dans les pays émergents. En raison des délocalisations engendrées, le menuisier sera appelé à la mobilité pour encadrer les ouvriers locaux de ces zones. La mutation rapide du métier se révèle dans la spécialisation accrue de tâches, dans une optique de rentabilité. En raison de l'expansion des préfabriqués, le menuisier pose de plus en plus des éléments fabriqués industriellement et touche moins à la fabrication. Les nouveaux matériaux impliquent aussi de sérieux bouleversements. Fortement concurrencé par le PVC, le bois, grâce au développement durable et à ses propriétés naturelles, reprend de l'intérêt. Ses avantages devraient être soulignés par la profession à l'avenir car les nouvelles technologies lui confèrent des qualités de plus en plus irréprochables. Le menuisier se formera tout particulièrement sur les techniques d'agencement, de réhabilitation, d'étanchéité et d'isolation qui ont le vent en poupe.

** Les diplômes sont portés à titre indicatif et ne sauraient constituer une référence puisque chez les Compagnons du Devoir, tout parcours professionnel est unique et personnalisé, adapté aux aspirations de chacun.*

Titres et diplômes

Niveau II et plus
- Licence pro Structures métalliques assemblages soudés
- Certificat du Centre des hautes études de la construction section CHEM
- Diplôme d'ingénieur en génie civil

Niveau III
- BTS Constructions métalliques
- CQP Chargé d'affaires en métallerie
- TP Technicien supérieur d'étude en construction métallique

Niveau IV
- BM Ferronnier
- BM Serrurier-métallier
- BP Serrurerie Métallerie
- BAC pro Ouvrage du bâtiment : métallerie
- TP Technicien de production en métallerie-serrurerie

Titre :
- Dessinateur en construction métallique serrurerie
- Technicien métreur dessinateur en métallerie-serrurerie
- Technicien de production en métallerie-serrurerie

Niveau V
- CAP Serrurier-métallier

Emploi

Chef d'entreprise PME-PMI
Artisan

Responsable de bureau d'études
Chargé d'affaires en métallerie

Métreur
Dessinateur projeteur
Dessinateur

Chef d'équipe poseur
Ouvrier professionnel poseur

Chef d'atelier
Chef d'équipe

Compagnon professionnel
Ouvrier professionnel

Chargé d'affaires

Formateur

› De multiples facettes

Ce professionnel fabrique et pose les ouvrages métalliques pour le bâtiment ou l'industrie. Ainsi, il réalise des ossatures, des planchers et des charpentes, des menuiseries, des châssis vitrés, des escaliers et des rampes. Il assure la protection des biens et des personnes (portes blindées, garde-corps...), contribue au décor et à l'embellissement du cadre de vie par la finition des ouvrages ou par leurs qualités plastiques dans la ferronnerie. La métallerie est composée de sept secteurs d'activités distincts : la charpente métallique, la menuiserie métallique, l'agencement et la décoration, la ferronnerie, les escaliers et les rampes, la métallerie et la serrurerie contrôle d'accès.

À partir du dossier et des plans de l'architecte, il établit le devis, dessine les plans d'exécution, réalise les fabrications, fait appliquer les traitements de surface (protection contre la corrosion et peinture de finition) et installe les ouvrages à leur place définitive en les intégrant au gros œuvre. Son savoir-faire du travail de l'acier en barres, en profilés et en feuilles consiste à concevoir, tracer, débiter, façonner et assembler par soudure ou par vissage. Cela lui permet de mettre en œuvre d'autres métaux : l'aluminium, l'inox, le laiton, les alliages utilisés en décoration, ainsi que d'autres matériaux. La maintenance et l'entretien font partie également de ses tâches. Cet homme de métier utilise des outils traditionnels, mais aussi des outils électriques (perceuse, tronçonneuse) ou encore plus récemment des machines à commandes numériques.

Le métier se pratique en atelier ou sur chantier, seul ou en équipe. Il implique de la créativité, de l'habileté et une certaine prudence. Précis, le métallier sait dessiner des plans et modéliser les pièces dans l'espace, avec l'aide de logiciels de dessin (DAO : Dessin

Assisté par Ordinateur). Environ 90 % des entreprises des secteurs de la métallerie ont moins de dix salariés. Cependant, les secteurs du métal dans le bâtiment se portent bien et les entreprises sont à la recherche de main d'œuvre qualifiée pour l'étude des ouvrages, la production, la pose. De plus, il existe une forte demande de reprise d'entreprises. Le métal est tendance et contemporain, c'est un matériau d'avenir ! Cette profession compte peu de femmes même si elle leur est totalement accessible.

› De multiples débouchés

Le métallier (surnommé « Targette » sur le Tour de France) débute par le CAP* Serrurier métallier, puis peut enchaîner par le Brevet Professionnel Serrurerie-métallerie afin d'obtenir un poste d'ouvrier qualifié. Le BAC pro Bâtiment, métal, aluminium, verre et matériaux de synthèse, ou BAC pro Ouvrage du bâtiment en métallerie, le Brevet de maîtrise serrurerie-métallerie, le BTS Constructions métalliques, CQP niveau III Chargé d'affaire, l'expérience du Tour de France et les formations qui y sont proposées donnent accès à de vraies responsabilités. Chacun peut évoluer suivant ses propres aspirations : chef d'équipe ou d'atelier, conducteur de travaux, chargés d'affaires, dessinateur ou bien encore formateur ou chef d'entreprise. Cela conduit aussi à des postes dans l'architecture, l'ingénierie, le technico-commercial.

› Des technologies inédites

Les avancées technologiques se situent principalement dans la recherche de nouveaux produits métalliques alliant finesse, élasticité et résistance, car le métal est présent dans toutes les nouvelles architectures et il doit répondre aux contraintes esthétiques et contemporaines des concepteurs. La technologie a réduit la pénibilité du travail grâce aux moyens de levage, mais surtout avec l'arrivée de la découpe laser et jet d'eau qui permettent d'externaliser une partie de la production, notamment le débit. La Conception et le Dessin Assistés par Ordinateur (CAO-DAO), comme pour beaucoup de métiers, permettent de modéliser des projets aux formes audacieuses dans des temps toujours plus courts.

** Les diplômes sont portés à titre indicatif et ne sauraient constituer une référence puisque chez les Compagnons du Devoir, tout parcours professionnel est unique et personnalisé, adapté aux aspirations de chacun.*

Titres et diplômes

Niveau II et plus
- Licence Science et Technique de l'ingénieur, mention Art et Métier spécialité Art et Métier du Bâtiment
- Licence Science et Technique de l'ingénieur mention Art et Métier spécialité Art et Métier des Techniques appliquées

Niveau III
- CQP Conducteur de travaux
- Titre RNCP

Niveau IV
- BP équipements sanitaires
- BP monteur en installations de génie climatique
- BAC pro Technicien d'installation en système énergétique et climatique
- BAC pro Technicien de maintenance en système énergétique et climatique
- BM Plombier installateur sanitaire
- BM Monteur en chauffage
- CQP Installation et maintenance en système solaire thermique et photovoltaïque

Niveau V
- CAP Installateur sanitaire
- CAP Froid et climatisation
- CAP Installateur thermique
- MC Maintenance en équipement
- CQP Agent de maintenance
- CQP Installateur mainteneur dans le domaine des énergies

Emploi

Plombier-chauffagiste
Monteur en génie climatique

Metteur au point

Chef d'équipe
Chef de chantier

Conducteur de travaux
Directeur d'agence
Chef d'entreprise

Agent de maintenance
Technicien de maintenance
Chargé d'affaires

Ingénieur d'équipement sanitaire et thermique
Technicien de bureau d'études
Responsable de bureau d'études

Formateur
Expert technique
Consultant

Technico-commercial
Responsable qualité
Responsable recherche et développemen

Plombier-chauffagiste

CONSTRUCTION

› Pour un cadre de vie agréable

L'objectif du métier est d'apporter un service. Ce service est l'apport du confort thermique, aéraulique et la mise à disposition de l'eau potable dans les conditions souhaitées par l'utilisateur du local. Cela peut être à destination de l'habitat, d'une collectivité, des secteurs du tertiaire ou de l'industriel. Le plombier-chauffagiste installe, dépanne et entretient les installations sanitaires et thermiques, ainsi que la climatisation des constructions : habitations, bureaux, ateliers, laboratoires... Ce métier exige des connaissances physiques pointues comme celle des divers fluides (eau, gaz, fluides médicaux, air comprimé...) afin de dimensionner et aménager, dans le respect des normes et règles de sécurité, des réseaux de canalisations en cuivre, en acier, en inox, en matière plastique ou en matériaux de synthèse.

À partir des plans de l'architecte, le plombier-chauffagiste détermine et dessine l'installation à mettre en place. Les réseaux sont raccordés aux équipements, comme les lavabos ou des caissons de traitement d'air, puis il procède aux derniers réglages indispensables au bon fonctionnement de l'installation. Les économies d'énergie et le respect de l'environnement sont des contraintes majeures durant ces opérations. Son champ d'intervention s'est élargi, et on est souvent bien loin de l'image traditionnelle du métier. Il doit désormais mettre en place, dans les habitations, des dispositifs limitant la consommation d'eau et d'énergie, tout en veillant au bien-être de ses occupants et à leurs attentes en termes d'hygiène et de confort.

Ce professionnel autonome et polyvalent travaille en intérieur (peu en atelier) ou en extérieur, sur des chantiers variés requérant des notions de maçonnerie et des compétences en électricité : chantiers de construction ou de réhabilitation, chantiers d'équipements collectifs (piscines, protections incendie). Discret mais sociable, il se déplace et conseille sa clientèle. Les femmes, peu présentes dans ce métier, ont pourtant autant d'atouts que les hommes pour l'exercer. La majorité des plombiers-chauffagistes évolue dans l'artisanat. Partout en France, ils peuvent être salariés d'une entreprise de plomberie chauffage ou de services généraux, d'une administration ou d'une collectivité territoriale. Ce sont les partenaires privilégiés des bureaux d'études et des cabinets d'architectes pour la réalisation des projets.

› Installation et maintenance

Le jeune commence sa formation par un BAC pro TISEC (Technicien d'Installation en Système Énergétique et Climatique). Pour connaître la maintenance, le jeune peut aussi passer un BAC pro TMSEC (Technicien de Maintenance en Système Énergétique et Climatique). Ces qualifications et l'expérience concrète de la diversité professionnelle et culturelle acquise lors du Tour de France le mèneront sur le terrain. Puis, s'il le souhaite, il pourra évoluer dans l'encadrement ou accéder à des postes tournés vers l'étude et la gestion, grâce à une licence Science et Technique de l'Ingénieur. Chaque professionnel peut s'épanouir dans une pratique différente du métier : chef d'entreprise, chef de chantier, ouvrier qualifié, metteur au point, technicien de maintenance, chargé d'affaire, chef d'équipe, conducteur de travaux, artisan... Les entreprises peinent à renouveler leurs effectifs, ce qui s'avère prometteur pour les jeunes diplômés du secteur.

› Des compétences encore plus pointues

L'eau potable et les sources d'énergie devenant des denrées rares, les technologies viseront à les économiser en accord avec les préoccupations environnementales du public et sous l'influence de l'État. Les progrès futurs concerneront le confort acoustique des installations, la qualité de l'eau fournie au consommateur, le renforcement des contrôles et des normes thermiques. La France devra rattraper son retard dans la construction bioclimatique, intégrant les conditions extérieures lors de la conception. À l'avenir, les besoins en compétences d'installation se réduiront au profit des besoins d'études en amont, de mise au point et d'entretien. Les plombiers-chauffagistes devront maîtriser des systèmes complexes visant à améliorer le confort de l'habitat, tout en respectant l'environnement.

---

* *Les diplômes sont portés à titre indicatif et ne sauraient constituer une référence puisque chez les Compagnons du Devoir, tout parcours professionnel est unique et personnalisé, adapté aux aspirations de chacun.*

Titres et diplômes

Niveau III et plus

- Licence pro
- BTS Aménagement-finition
- CQP Compagnon professionnel solier moquettiste
- Préparation au concours MOF

Niveau IV

- BAC pro Aménagement-finition

Niveau V

- CAP Solier moquettiste
- CAP Peintre applicateur de revêtements
- CAP Carreleur mosaïste

SOLIER MOQUETTISTE

Emploi

Ouvrier qualifié
Maître ouvrier
Chef d'équipe
Chef de chantier
Artisan/entrepreneur
Technico-commercial
Métreur-technicien de bureau d'étude
Chargé d'affaires
Conducteur de travaux

Consultant
Expert technique recherche et développement
Démonstrateur
Formateur professionnel

Solier Moquettiste

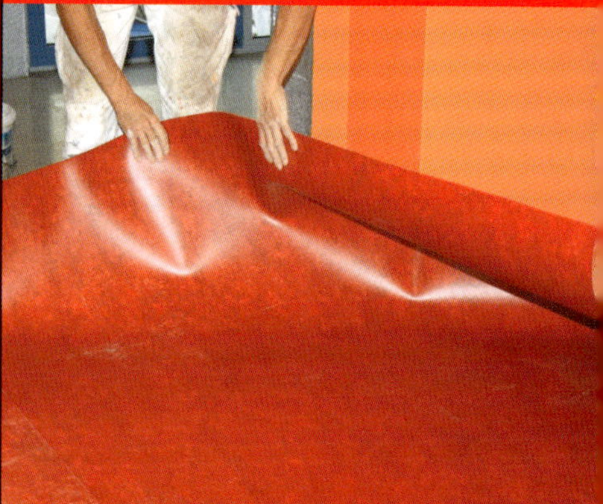

Solier-moquettiste

FINITION DES SOLS

› Le spécialiste des sols techniques

Le solier-moquettiste intervient dans le bâtiment en toute fin de chantier, lors des travaux de finition, souvent après le peintre. Métier assez récent, il est une évolution du métier de tapissier qui, il y a une quarantaine d'années, se chargeait encore de la pose des moquettes et des sols PVC. Aujourd'hui, il intervient principalement sur tous types de bâtiments recevant du public : écoles, établissements médicaux et paramédicaux, immeubles de bureaux, commerces, salles de sport, etc.

Pratiquer les métiers de la préparation et de la finition des sols chez les Compagnons du Devoir, c'est utiliser des matériaux modernes comme tous les types de revêtements nouvelle tendance (des PVC, des linoléums, des revêtements en fibres végétales, des parquets stratifiés). De plus, les revêtements et systèmes de sols ont aujourd'hui des qualités d'isolants thermiques et acoustiques, des qualités de purification de l'air, d'étanchéité et de résistance aux trafics intenses. Enfin, l'évolution des techniques permet aujourd'hui une utilisation plus durable des matières premières (écoconception des revêtements, filières de recyclage et de valorisation des déchets). Le solier doit aussi connaître des techniques anciennes qui sont demandées encore par certains particuliers ou commerces, telles que les poses de moquettes et tissus tendus. À la pointe du design, les revêtements de sols contribuent à améliorer le confort de vie et la sécurité en utilisant des matériaux, des couleurs et des accessoires spécifiques à chaque demande.

En neuf, comme en rénovation, le solier moquettiste détermine et exécute les préparations à effectuer selon le support et la qualité du revêtement. Cette préparation contient des étapes de ponçage,

de décapage, de protection des joints ou de protection contre l'humidité. Il doit ensuite savoir appliquer des ragréages ou d'autres produits de nivellement de sols. La mécanisation et l'amélioration des produits facilitent grandement les travaux de préparation.
En contact avec les clients qu'il guide et conseille, il lui faut pour cela le sens du dialogue. Que ce soit sur le sol (et parfois même sur le mur), le solier moquettiste pose toutes sortes de revêtements : linoléum, moquettes, mosaïques collées, matières plastiques, textile, parfois du parquet flottant. Le solier-moquettiste doit préparer la matière qu'il va poser (en lés, en dalles), la découper ou l'assembler aux mesures exactes de la pièce. La pose elle-même du revêtement s'effectue à l'aide de toutes sortes d'outils et techniques bien spécifiques au métier. Les travaux de finition peuvent comporter quelques menus travaux d'électricité, ainsi que la pose d'accessoires de finition et de sécurité.

› Connaître les différentes techniques des métiers du sol, un atout remarquable

Il existe un seul diplôme et peu de titres professionnels, uniquement solier moquettiste : il y a le CAP* Solier Moquettiste et principalement un CQP Compagnon professionnel solier moquettiste reconnu au niveau III. Le solier peut cependant poursuivre sa formation avec le BAC pro Aménagement et Finition du Bâtiment, puis le BTS Aménagement et Finition du Bâtiment, que peut venir compléter une licence professionnelle. Par ailleurs, du fait d'un grand nombre d'entreprises positionnées sur d'autres activités complémentaires, il est intéressant de compléter ses connaissances par une formation soit de carreleur, soit de peintre décorateur. La profession manque cruellement de main d'œuvre qualifiée, à la fois en raison de besoins énormes de mise en œuvre de sols très

techniques dans les établissements recevant du public, et à la fois du fait de la méconnaissance de cette activité, ce qui offre de bonnes perspectives aux jeunes hommes et femmes faisant le choix de ce métier. Avoir une formation complète sur l'ensemble des secteurs du métier est alors très recherché. Le Tour de France représente l'opportunité unique de découvrir la diversité des techniques et matériaux. Créer sa propre entreprise est relativement facile car cette activité est croissante. Une bonne formation et une expérience confirmée permettent d'accéder aux fonctions d'encadrement, de formateur, d'artisan ou chef d'entreprise.
Les praticiens des métiers du sol portent comme nom de Compagnon une qualité ou un trait de caractère qu'ils possèdent ou souhaitent acquérir, accolé à leur ville de naissance *(La Patience d'Amiens).*

› Et l'avenir ?

L'évolution des réglementations dans le bâtiment, notamment d'un point de vue sécurité environnement, rendent le travail agréable de bonne condition. Alliant design et technicité, les métiers du sol, comme l'ensemble des métiers de l'aménagement et de la finition, sont tournés vers l'avenir et participent au confort de vie et au bien-être de nos concitoyens.

** Les diplômes sont portés à titre indicatif et ne sauraient constituer une référence puisque chez les Compagnons du Devoir, tout parcours professionnel est unique et personnalisé, adapté aux aspirations de chacun.*

Titres et diplômes

Niveau III et plus
- BTMS Métiers de la pierre
- Brevet de maîtrise supérieur
- Licence professionnelle
- Maîtrise et titre d'ingénieur
- Master européen EACD

Niveau IV
- BP Métiers de la pierre
- BAC pro
- CCP Aide appareilleur
- Brevet de maîtrise

Niveau V
- CAP Tailleur de pierre
- CAP Marbrier
- Mention graveur
- CCP Tailleur de pierre

Emploi

Carrier
Artificier
Chef carrier
Scieur / débiteur
Polisseur
Opérateur machine
Programmeur machine
Tailleur de pierre / marbrier

Chef d'équipe
Chef d'atelier
Chef de chantier
Calepineur / appareilleur
Chef de production
Technico-commercial
Métreur
Conducteur de travaux
Directeur d'exploitation (carrière)
Artisan chef d'entreprise (PME/PMI)
Directeur d'agence
Directeur de travaux
Ingénieur conseil
Négociant
Formateur
Enseignant

Tailleur de pierre

CONSTRUCTION

› Un beau métier attractif et plein d'avenir

Le tailleur de pierre taille et met en œuvre des matériaux naturels comme les pierres calcaires, les grès, les marbres, les granits. Ces roches sont destinées à la construction, à la décoration et à la restauration d'éléments d'architecture : dallages, escaliers, cheminées, piliers, façades. S'il se sert encore des outils traditionnels, ce professionnel utilise aussi les technologies les plus récentes : les machines à commandes numériques ainsi que le Dessin Assisté par Ordinateur (DAO) facilitent la conception, le débit et la taille dans les ateliers et dans les carrières.
Les roches extraites arrivent à l'atelier sous forme de gros blocs ou de tranches plus ou moins épaisses. Une fois les pierres débitées, le tailleur de pierre prend les mesures et exécute les tracés selon les plans et panneaux (« gabarits ») préalablement établis. Puis vient la taille de la pierre par recoupe, cisèlement et façonnage de moulures aux formes variées. La pierre est ensuite transportée sur le chantier pour être posée.

Le tailleur de pierre intervient sur des chantiers de construction contemporaine ou de restauration de monuments historiques ou non. Selon sa spécialité, il évolue dans une entreprise traditionnelle du bâtiment, une entreprise spécialisée dans la restauration de monuments historiques, un atelier de sciage et de façonnage, une marbrerie funéraire ou bien encore une carrière. Les entreprises exerçant spécialement dans le domaine de la pierre ont en général un effectif réduit (entre cinq et dix salariés) et sont implantées partout en France. Cela prouve le caractère artisanal de cette profession.

Cet homme de métier adroit et patient, appréciant le travail en plein air, a une réelle faculté de concentration et est autonome car il travaille souvent seul ou en équipe réduite. Son goût pour l'histoire de l'art, le dessin et sa bonne perception des volumes le rapproche des pratiques artistiques. Si, parfois, les conditions de travail ne sont pas toujours faciles en raison de la poussière et du bruit pendant la taille ou les intempéries, il a cependant la chance d'œuvrer sur des monuments prestigieux, ce qui est très gratifiant. Ce métier est celui du bâtiment où l'on trouve le plus de femmes.

› Des savoir-faire ancestraux alliés aux technologies modernes

L'apprentissage mène à un CAP* Tailleur de pierre-marbrier. Après le CAP, Il est possible de passer un Brevet Professionnel Métiers de la pierre en 2 ans ou un BAC pro en 3 ans (niveau 4) puis ensuite un Brevet Technique des Métiers Supérieurs Métiers de la pierre également en 2 ans(Niveau 3). Il a encore la possibilité de passer un master européen Métiers de la pierre. Le Tour de France permet de varier les expériences grâce à la diversité des pierres et des architectures rencontrées. Avec l'avènement de l'outil informatique, le tailleur de pierre utilise à présent les techniques de 3D. Il doit chercher à allier tradition et modernité harmonieusement. En raison de la pénurie actuelle de main d'œuvre qualifiée, le jeune a l'embarras du choix lors de l'embauche. Ouvrier, puis chef d'équipe, appareilleur ou conducteur de travaux, l'homme de métier peut vite évoluer et devenir chef d'entreprise. Le nom de Compagnon du Devoir tailleur de pierre est constitué d'une vertu ou d'un trait de caractère qu'il apprécie ou qu'il aimerait cultiver, et du nom de sa ville natale (*La Confiance de Francheville* par exemple).

› Réhabiliter les atouts de la pierre

Aujourd'hui, si la pierre semble avoir perdu sa place de matériau de prédilection au profit de certains dits plus modernes, elle reste toujours un matériau d'actualité. Si elle n'est utilisée la plupart du temps que comme matériau de décoration et de revêtement, elle est le matériau naturel par excellence, véritable atout dans une nouvelle architecture respectueuse de l'environnement et du développement durable. Pour plus de polyvalence et une meilleure adaptation au marché professionnel, les apprentis de demain seront amenés à étudier aussi la marbrerie, la gravure, l'ornementation, la sculpture, ainsi que la DAO.

---

* *Les diplômes sont portés à titre indicatif et ne sauraient constituer une référence puisque chez les Compagnons du Devoir, tout parcours professionnel est unique et personnalisé, adapté aux aspirations de chacun.*

Titres et diplômes

Niveau III et plus
- BTS Industrie des matériaux souples
- BTS Podo-orthésiste

Niveau IV
- DT Podo-orthésiste
- BM Cordonnier-bottier
- BM Cordonnier-réparateur

Niveau V
- CAP Cordonnier bottier
- CAP Podo-orthésiste

Emploi

Responsable de bureau d'études
Consultant

Artisan / chef d'entreprise
Cordonnier réparateur

Artisan / chef d'entreprise
Bottier, chaussures de luxe

Artisan / chef d'entreprise podo-orthésiste

Agent de méthode

Technico-commercial

Prototypiste
Responsable d'atelier

Technicien industriel
Cordonnier réparateur

Formateur

Cordonnier-bottier

› Quatre métiers pour le bien-être du pied

Chez les Compagnons du Devoir, la cordonnerie-botterie désigne quatre métiers distincts : la réparation de chaussures, la podo-orthèse, la botterie et la fabrication en milieu industriel. Ces quatre métiers connaissent actuellement une féminisation croissante de leurs effectifs.

Le cordonnier-réparateur répare à la main ou à la machine les souliers usagés et les pièces de maroquinerie. Sa tâche consiste entre autres à changer les talons, à ressemeler ou à poser des patins de protection. Ce professionnel du service peut aussi vendre des accessoires (lacets, cirage...) dans sa boutique-atelier. Il peut exercer à son compte, être salarié dans une entreprise artisanale ou dans une unité de réparation rapide d'un centre commercial.

Le bottier fabrique des chaussures à partir de moules appelés formes, réalisés selon les mesures des pieds de ses clients. Il découpe ensuite les pièces de cuir, les assemble à la main ou à la machine en atelier. Passionné par le cuir, il suit les tendances, fait preuve d'un certain goût pour le service client, qui plus est puisqu'il évolue dans le micro-secteur du luxe. La botterie, de par sa clientèle cosmopolite, s'est développée dans les grandes capitales mondiales. S'installer à son compte est difficile car cela nécessite des moyens financiers conséquents.

Le podo-orthésiste conçoit des prothèses, des semelles et des chaussures orthopédiques. Titulaire d'un BTS, il prend des mesures sur le patient, réalise les empreintes et les moulages en résine, puis effectue l'essayage et l'adaptation de la chaussure. Le titulaire d'un CAP restera cantonné à la fabrication en atelier. Ce métier est surtout exercé dans de petites entreprises artisanales, mais aussi dans des centres de rééducation et d'appareillage médical. Doté de connaissances anatomiques, le podo-orthésiste doit faire preuve de psychologie et de curiosité, du fait de l'évolution constante des matériaux utilisés.

Le dernier spécialiste du pied œuvre dans l'industrie de la chaussure haut de gamme où il assemble des pièces prédécoupées grâce à du matériel moderne très performant, dans un souci de rendement. Il a des connaissances mécaniques, l'esprit d'organisation et des notions de cadence. Plusieurs spécialités complémentaires existent dans cet environnement industriel : patronnier-coupeur, mécanicien-apprêteur, brocheur, monteur, couseur, finisseur.

› Une filière de formation complète

L'obtention d'un CAP* Cordonnier-bottier ou Cordonnier-réparateur, ou d'un BEP Métiers de la mode et des industries connexes dominante chaussures permet de travailler comme ouvrier qualifié. Un Brevet de Maîtrise Cordonnier-réparateur ou Cordonnier-bottier ainsi qu'un Brevet de Technicien des Métiers Cordonnier couronnent une formation complète. La podo-orthèse présente une particularité : seule l'obtention d'un BTS permet de s'installer à son compte.

Les postes de chef d'atelier, chef d'entreprise ou directeur technique sont accessibles aux plus ambitieux et aux mieux formés des professionnels du secteur. En cela, le Tour de France se révèle une aide précieuse. Il permet d'acquérir une grande adaptabilité appréciée par les entreprises et de découvrir les quatre facettes du métier. C'est aussi la seule formation au monde pour le bottier.

› Des méthodes en pleine évolution

La recherche représente une part croissante en amont de la fabrication, notamment dans le cas des chaussures de sport, dans un souci de performance. Étudier au préalable les tendances est nécessaire pour les chaussures de ville, afin de répondre aux attentes de la clientèle. De même, les podo-orthésistes voient apparaître la fabrication en série de chaussures orthopédiques dans certaines grandes entreprises. Les professionnels devront se former sans cesse pour adapter leur savoir-faire à ces mutations.

** Les diplômes sont portés à titre indicatif et ne sauraient constituer une référence puisque chez les Compagnons du Devoir, tout parcours professionnel est unique et personnalisé, adapté aux aspirations de chacun.*

Titres et diplômes

Niveau II et plus
- Licence pro Électricité et électronique
- Licence pro Automatique et informatique industrielle

Niveau III
- BTS Conception et industrialisation en microtechniques
- BTS Électrotechnique
- DUT Génie électrique et informatique industrielle

Niveau IV
- BAC pro Électrotechnique, énergie, équipements communicants
- BP Installation en télécommunications
- BP Installations et équipements électriques
- BAC STI Électrotechnique

Niveau V
- CAP Préparation et réalisation d'ouvrages électriques

Emploi

Chef d'entreprise

Agent de maintenance
Ouvrier qualifié
Technicien
Technicien supérieur

Chef d'équipe
Chef de chantier
Chargé d'affaires

Dessinateur
Projeteur
Conducteur de travaux
Responsable de bureau d'études
Métreur

ÉLECTRICIEN

ÉQUIPER

› Et la lumière fut...

L'électricien conçoit, installe et assure la maintenance des installations électriques. Il est présent de la production de l'énergie électrique à la consommation de celle-ci. Il est donc appelé à exercer dans une multitude de secteurs : production électrique, traction/propulsion, éclairage, stockage, production industrielle, réseaux électriques et gestion technique de bâtiment. Présent depuis la production d'énergie dans les centrales hydrauliques, thermiques, nucléaires ou de sources nouvelles telles que les éoliennes ou les cellules photovoltaïques, jusqu'à sa distribution, ce professionnel permet l'alimentation de tous les équipements des clients en force, éclairage, chauffage, commande et communication.

En se fondant sur les schémas de câblage, il détermine l'emplacement des éléments du système électrique en tenant compte des normes de sécurité. Il procède ensuite à l'installation des différents équipements. Il met en service l'installation et assure la maintenance de celle-ci.

Ce professionnel mobile, presque toujours en déplacement, travaille sur chantier, en équipe, et doit coordonner ses activités avec les autres corps de métier. Cette profession exige précision, prudence et discrétion, un véritable goût pour l'analyse, le calcul et la physique. Les femmes de cette profession se trouvent principalement dans les ateliers de câblage et dans les bureaux d'étude, peu sur les chantiers d'installation.

Le marché de l'emploi se partage entre les grosses entreprises telles les différents fournisseurs d'électricité, les grands groupes qui développent les énergies renouvelables, les société de distribution de l'énergie et les sociétés de maintenance au sein des grandes industries alimentaires, automobiles, pétrochimiques de plusieurs centaines voire milliers de salariés, et de petites entreprises artisanales de une à cinq personnes, nettement plus nombreuses. Celles-ci sont des entreprises du tertiaire spécialisées en installations électriques, installations en courant faible, de climatisation et chauffage, ou des sociétés de maintenance électrique. Les professionnels peuvent aussi être recrutés par la fonction publique.

› Des entreprises exigeantes sur les qualifications

Les titulaires du CAP* Préparation et réalisation d'ouvrages électriques ou du BEP Métiers de l'électrotechnique accèdent à des postes d'ouvriers qualifiés. Le BP Installations et équipements électriques, le BAC pro Électrotechnique, énergie, équipements communicants ou le Bac STI Génie électrotechnique sont quasiment devenus le niveau d'exigence minimum des entreprises, et permettent d'évoluer vers des postes à responsabilités comme chef d'équipe. Le BTS Électrotechnique donne accès à des postes de niveau bureau d'étude (dessinateur, projeteur, métreur) ou chef d'atelier ou de chantier. La licence permet, quant à elle, d'accéder à des postes de conduite de travaux ou de technicien supérieur dans des domaines bien spécifiques tels le nucléaires ou les énergie renouvelables. Le Tour de France permet principalement de multiplier les expériences du métier même si, en raison des normes européennes, sa pratique se révèle sensiblement identique partout.

› Des hommes de métier flexibles très recherchés

L'activité d'électricien nécessite des capacités d'analyse de plus en plus poussées pour l'étude des installations, la lecture et

l'interprétation rapide des plans et des schémas, ou encore la formulation d'un diagnostic. La gestion technique du bâtiment (GTB), qui permet de piloter automatiquement les installations électriques des constructions, implique l'acquisition de connaissances pointues. L'électricien se caractérise également par une rigueur dans l'application des consignes de sécurité électrique et une disponibilité toujours accrue pour assurer les dépannages urgents et répondre à l'exigence de ses clients.
Enfin, l'évolution très rapide des matériaux et des techniques dans les domaines de l'électronique, des automatismes, de la programmation, de la domotique, des courants faibles et de l'informatique obligent les femmes et les hommes de ce métier à faire preuve d'une capacité d'adaptation renforcée.
L'amélioration de la consommation de l'énergie et la production d'énergie propre sont les autres axes de développement de la profession de demain.

---

* *Les diplômes sont portés à titre indicatif et ne sauraient constituer une référence puisque chez les Compagnons du Devoir, tout parcours professionnel est unique et personnalisé, adapté aux aspirations de chacun.*

Emploi

Maréchal-ferrant salarié

Maréchal-ferrant artisan

Consultant, après une longue expérience

Formateur

Titres et diplômes

Niveau III et plus
- Préparation au concours MOF

Niveau IV
- BTM Maréchal-ferrant
- BM Maréchal-ferrant

Niveau V
- CAPA Maréchalerie
- BEPA Activités hippiques spécialité maréchalerie
- Un CTM est en cours de réalisation mais n'est pas encore validé par le RNCP

Maréchal-ferrant

MÉTALLURGIE

› Le bien-être de l'animal

Le maréchal-ferrant participe au bon fonctionnement de l'appareil locomoteur des équidés domestiques en intervenant sur les sabots. Le protéger de l'usure, lui rendre un aplomb satisfaisant, l'aider à remplir son rôle, voilà le but du professionnel en apportant un travail approprié de parage et/ou de ferrage, voire de collage, sous les pieds des chevaux, des poneys ou des ânes. Ainsi, ses compétences sont nécessaires à l'éleveur, au cavalier de loisir, à l'entraîneur de chevaux de course, au gérant de centre équestre, au loueur d'équidés, à l'écuyer de cirque, au futur médaillé de dressage, au garde républicain à cheval, à la monitrice du poney-club. Une telle diversité de contextes l'oblige à aller sur le terrain avec son véhicule-atelier équipé d'une forge à gaz, d'une petite enclume pour ajuster les fers, du matériel électrique portatif pour percer, souder, des silicones et des résines pour le confort ou la réparation de certains pieds, d'un stock de fers et de clous pour répondre aux diverses pointures et d'une caisse d'outils à main pour travailler sur le sabot. Plié en deux sous le cheval, le maréchal-ferrant taille, ajuste, râpe, cloue et doit toujours être attentif au comportement de l'animal. Travaillant sur un être vivant, il maîtrise l'anatomie et la biomécanique, la mise en œuvre des matériaux et des techniques employés et la psychologie de l'animal. Une excellente condition physique est essentielle pour exercer ce métier au grand air, ainsi qu'une réelle capacité d'observation doublée d'une bonne dextérité.

› Découvrir la richesse du monde équestre

La formation initiale (en apprentissage ou par voie scolaire) débouche sur un CAPA*, obligatoire pour pouvoir exercer. On peut

compléter sa formation par un BTM et/ou se perfectionner sur le Tour de France (on peut également valider un BTM en fin de Tour de France). Ce voyage permet de se former au contact des réalités quotidiennes dans les disciplines équestres majeures (course au galop, course au trot et concours de sauts d'obstacles), d'apprendre une seconde langue à l'étranger, de tester plusieurs méthodes et de voir des milliers d'équidés différents. Le statut d'artisan est le plus répandu dans ce métier. Il est aussi possible d'être ouvrier dans une entreprise de maréchalerie ou dans une grande structure équestre, mais également d'être fonctionnaire, notamment aux Haras nationaux. Quelques-uns occupent des postes à responsabilité dans des écuries prestigieuses à l'international. Malheureusement, la pénibilité du métier oblige parfois à changer d'activité après une vingtaine d'années d'exercice.
Chez les Compagnons, les maréchaux-ferrants créent leur nom de Compagnon en associant le nom de leur province natale à une qualité qu'ils souhaitent développer *(Picard Cœur Sincère)*.

› Le maillon indispensable de la filière équine

Rajeunie et redynamisée avec l'équitation de sport et de loisir, la maréchalerie attire beaucoup de monde. Chaque année, 200 à 250 personnes, dont quelques femmes seulement, se présentent à un CAPA. Peu d'entre eux continuent leur formation, beaucoup s'installent. Mais parallèlement, les objectifs de performance du cheval athlète sont de plus en plus pointus et la recherche en médecine vétérinaire affine le diagnostic et donc le traitement. Le maréchal-ferrant doit assimiler ces nouvelles données pour répondre aux attentes de ses clients. Il doit faire équipe avec le vétérinaire, l'entraîneur ou le cavalier afin que l'addition des compétences de chacun mène le cheval à la victoire. On attend de lui une bonne maîtrise des matériaux et des techniques utilisées, une bonne connaissance du cheval en général et du pied en particulier, mais aussi de l'ensemble de cette filière qui, aujourd'hui, est la seule à lui fournir du travail. Orthopédiste, spécialiste du pied équin et de sa locomotion, « régleur » de la trajectoire, de l'adhérence et de l'amortissement du sabot du champion, partenaire incontournable des professionnels du cheval, voilà comment se définit le maréchal-ferrant d'aujourd'hui, et plus encore celui de demain. Le perfectionnement et la formation tout au long de la vie doivent aujourd'hui rentrer dans la culture du maréchal, car la concurrence est désormais rude et ce sont les plus compétents qui ont la meilleure clientèle.

** Les diplômes sont portés à titre indicatif et ne sauraient constituer une référence puisque chez les Compagnons du Devoir, tout parcours professionnel est unique et personnalisé, adapté aux aspirations de chacun.*

Titres et diplômes

Niveau III et plus
- BTS Industrie du cuir
- BTS Industrie des matériaux souples

Niveau IV
- BAC pro Métiers du cuir option maroquinerie
- BAC pro Artisanat des métiers d'art option vêtements et accessoires de mode

Niveau V
- CAP Maroquinier
- BEP Métiers de la mode et industries connexes

Emploi

Responsable de bureau d'études
Maroquinier

Artisan / chef d'entreprise

Maroquinier

Sellier maroquinier
Gainier

Agent de méthode
Technico-commercial

Prototypiste
Responsable d'atelier

Opérateur
Maroquinier industriel

Formateur

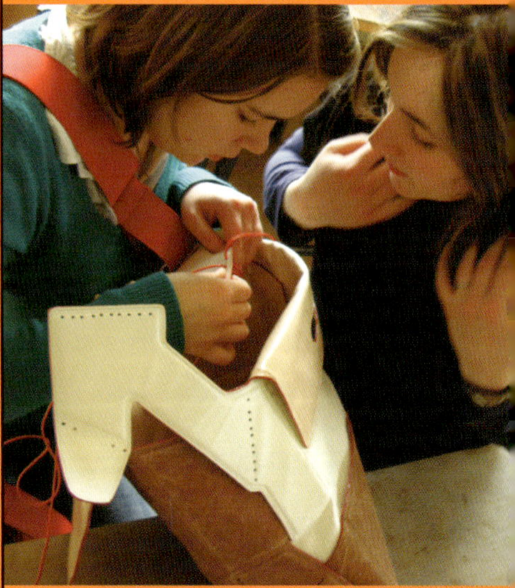

› L'artiste du cuir

Le maroquinier est au cœur de la mode, il équipe l'homme et la femme d'accessoires utiles dans leur vie quotidienne. Il imagine, dessine, fabrique à la main et à la machine un large éventail de produits : sacs, bagagerie, portefeuilles, ceintures, articles de bureau, articles de chasse et de pêche, articles de gainerie... Les matières utilisées sont les cuirs traditionnels ou exotiques, la toile et les matériaux synthétiques. De la fabrication en série à la confection de pièces uniques sur mesure, il veille à la qualité du produit en y apportant sa touche personnelle.

Suite au choix des matières, selon leurs teintes et leurs qualités, le maroquinier débute par un croquis de la pièce à réaliser, puis conçoit un prototype. Après validation de l'ensemble de la pièce, il réalise une pièce unique pour un client ou met en place une méthode pour la fabriquer en série. Les pièces sont assemblées par des procédés tels que la couture à la main, le piquage à la machine, le collage. Les fournitures dites « bijouteries » (boucles, fermoirs) apportent un style ou une finition particulière.

Le maroquinier peut évoluer dans une entreprise artisanale (de trois à cinquante salariés) ou de production industrielle. Les grands groupes français de la maroquinerie de luxe lui offrent des perspectives d'emploi en France et à l'étranger. Quelques petites sociétés ayant résisté à la concurrence internationale s'obligent à travailler dans le haut de gamme. Le maroquinier désireux de créer son entreprise devra étudier le marché, les opportunités étant encore nombreuses.
La création en maroquinerie est implantée à Paris pour la plupart des marques, alors que la production est plutôt délocalisée en province. La mode étant un facteur primordial de la santé du métier,

la profession nécessite un esprit créatif et une réelle sensibilité aux matières. L'habileté manuelle, la rapidité et la précision technique sont requises. Les maroquiniers travaillent souvent en équipe dans de vastes ateliers, en contact permanent avec les créateurs et les designers. Ils ont peu de contact avec la clientèle finale mais côtoient souvent les grossistes qui les fournissent en matière première.

› Des diplômes variés

Les jeunes débutent par un CAP* Maroquinerie ou un BEP Métiers de la mode et industries connexes, option maroquinerie pour devenir ouvrier qualifié. Les BAC pro Métiers du cuir option maroquinerie, Artisanat et métiers d'art, option vêtements et accessoires de mode ou le Brevet de Maîtrise sellier-maroquinier donnent accès à des emplois de prototypiste, de chef d'atelier ou de technicien en bureau d'étude. Certains occuperont des postes de directeur technique, de formateur ou de chef d'entreprise. Un BTS Industries des matériaux souples, option productique ou modélisme industriel, est un tremplin, tout comme l'expérience du Tour de France, très appréciée des entreprises, qui permet de mieux connaître le vaste domaine de la maroquinerie, chaque entreprise française ou étrangère étant spécialisée.

› Savoir anticiper les tendances

Le sac à main est devenu un produit de consommation fréquemment renouvelé par les femmes, la mode changeant de plus en plus vite, mais devenant de ce fait assez imprévisible pour les hommes de métier... Pour cette raison, le maroquinier doit développer sa capacité à anticiper les tendances du prêt-à-porter pour que ses réalisations répondent aux attentes de la clientèle. Il doit faire preuve de polyvalence pour s'adapter aux évolutions rapides des produits, des matériaux et des techniques. Initier un rapprochement avec d'autres corps de métiers proches, comme les fabricants de vêtements, les selliers et les cordonniers-bottiers, devrait permettre de s'adapter plus facilement aux mutations inéluctables des métiers du cuir. Les Compagnons du Devoir offrent ces possibilités...

** Les diplômes sont portés à titre indicatif et ne sauraient constituer une référence puisque chez les Compagnons du Devoir, tout parcours professionnel est unique et personnalisé, adapté aux aspirations de chacun.*

Titres et diplômes

Niveau III et plus
- BTS Industrie des matériaux souples
- BTS Design de produit

Niveau IV
- BAC pro Matériaux souples
- BM Sellier garnisseur

Niveau V
- CAP Sellerie générale
- BEP Sellier garnisseur

Emploi

Responsable de bureau d'études
Consultant

Artisan / chef d'entreprise
Sellier garnisseur

Expert garnisseur
Agent de méthode

Technico-commercial

Prototypiste

Responsable d'atelier

Sellier garnisseur

Formateur

Sellier

CUIR ET TEXTILES

› Le spécialiste du confort

Le sellier utilise des matériaux souples tels que les textiles modernes ou le cuir pour rendre les sièges des moyens de transport confortables. En réponse à des besoins spécifiques, il réalise des aménagements intérieurs et extérieurs avec des matières dites innovantes, dans le domaine de la toile (bâche, auvent). L'activité de la bagagerie, du sac à dos de randonnée, s'ajoute également aux spécialités de la sellerie. Le sellier utilise des matériaux très variés selon les domaines, des plus traditionnels aux plus modernes (naturels ou synthétiques). Il réalise des gabarits ou patrons d'après un modèle. Il procède à l'ajustage, à la découpe et à l'assemblage des coiffes. Ce professionnel doit avoir du goût, un esprit ouvert et un grand respect des règles de travail.

Les selliers exercent principalement dans des SARL, PME, PMI, et dans des structures industrielles. Des bureaux d'étude recrutent des professionnels en sous-traitance pour réaliser des prototypes. Des connaissances en informatique sont un plus. Avec l'arrivée de matériaux innovants, quelques entreprises se sont spécialisées dans la fabrication de bâches et de stores.

Cette profession, exercée principalement en petits ateliers, requiert une bonne capacité de concentration pour un travail minutieux, et une certaine rapidité. Un travail quotidien varié et de nombreux contacts avec les clients préservent le sellier de l'ennui. Les femmes, pourtant peu nombreuses, sont appréciées pour leur goût et leur sens de l'accueil. Cette profession connaît des difficultés à renouveler ses effectifs. Les personnes qualifiées deviennent ainsi très recherchées.

SELLIER

› Des formations adaptées au devenir du métier

Les selliers débutent par un CAP* Sellerie générale ou un BEP Métiers de la mode et des industries connexes, dominante sellerie générale. Ces diplômes leur permettent de maîtriser la coupe et le montage des pièces en tant qu'ouvriers qualifiés. Le BAC pro mention Matériaux souples métiers de la mode, sellerie est un tremplin pour les postes de responsable d'atelier ou de chef d'équipe. Le Brevet de Maîtrise option sellier garnisseur, ainsi que les BTS Industrie des matériaux souples, option productique et modélisme industriel, sont le point final d'une formation complète. Le Tour de France demeure un atout remarquable car seules trois écoles en France préparent les jeunes au CAP. Le jeune devient, grâce à cette expérience, très autonome.

› Vers des qualifications toujours accrues

La concurrence étrangère et l'industrialisation croissante réduisent de beaucoup les travaux effectués dans leur intégralité par les ateliers artisanaux. Par contre, ces derniers demeurent très sollicités par l'industrie pour participer à leurs projets, en raison du niveau de qualification remarquable de leurs employés. La progression de l'industrialisation implique une professionnalisation accrue des postes de travail. Cela a conduit à la création d'un BTS Encadrement d'équipe et à une formation d'ingénieur des matériaux souples. Les apprentis devront ainsi maîtriser impérativement l'informatique et des machines de plus en plus complexes. Les nouvelles technologies proposeront de nouveaux matériaux (recyclables, écologiques...) aux selliers qui devront apprendre à les intégrer à leurs réalisations. De plus, ceux-ci seront amenés dans le futur à ajouter une corde à leur arc : des compétences de designer, un goût certain pour le commercial et la maîtrise d'une seconde langue.

---

* *Les diplômes sont portés à titre indicatif et ne sauraient constituer une référence puisque chez les Compagnons du Devoir, tout parcours professionnel est unique et personnalisé, adapté aux aspirations de chacun.*

Emploi

Ouvrier boulanger

Responsable de production
Artisan chef d'entreprise

Responsable d'une ligne automatisée
Responsable R&D

Chef de rayon
Boulanger d'essais
Laborantin
Démonstrateur technico-commercial
Formateur professionnel
Boulanger conseil (consultant)
Responsable qualité

Titres et diplômes

Niveau III et plus

- Licence Art & métier de bouche option boulangerie
- Brevet de maîtrise
- Préparation au concours MOF

Niveau IV

- Brevet professionnel
- BAC pro Boulanger pâtissier

Niveau V

- CAP Boulanger
- Mention complémentaire boulangerie spécialisée
- Mention complémentaire pâtisserie boulangère

› Un produit typiquement français

Le boulanger produit quotidiennement du pain (ordinaire comme la baguette, ou spéciaux comme les pains aux céréales, aux noix...) et aussi toutes sortes de viennoiseries et de produits traiteur. Ce professionnel de l'alimentation assure au préalable le pétrissage, le pesage, le façonnage, la fermentation et la cuisson des fournées successives réalisées au fournil.

Le pain ayant longtemps été l'aliment essentiel de la population française, le boulanger jouit ainsi d'un important capital sympathie. En milieu rural, la boulangerie reste encore le commerce de proximité préféré des Français. Par rapport à son image traditionnelle, le métier s'est pourtant bien transformé. Les méthodes de fabrication ont connu de nombreux changements grâce à l'apparition de nouveaux produits (surgelés, précuits...) et d'équipements modernes.

Le boulanger est scrupuleux en matière de propreté. L'habileté manuelle et la créativité distinguent les plus talentueux. Les contacts constants avec la clientèle nécessitent un esprit sociable. Il faut souligner à ce titre le rôle du couple dans la réussite de l'entreprise, l'épouse de l'artisan tenant souvent le commerce tandis que le boulanger travaille à la fabrication. On remarque pourtant de plus en plus de femmes en atelier de fabrication.

› De nouvelles orientations de carrière

La formation initiale débute avec le CAP Boulanger auxquels peuvent s'ajouter le BAC pro Boulanger pâtissier. Pour se perfectionner, il existe un Brevet Professionnel Boulanger et un Brevet de Maîtrise. Le souci d'une qualité toujours supérieure va demander à l'embauche de plus en plus de compétences. Le Tour de France s'affirme comme un véritable atout pour les « Chiens blancs » (le chien symbolise la fidélité et le blanc évoque la farine). Les jeunes peuvent y découvrir les spécificités gustatives régionales, nationales et même internationales.

Les boulangers peuvent travailler partout en France, dans les secteurs de l'artisanat, de l'industriel, de la grande distribution ou de la meunerie. Nombre d'entre eux choisissent actuellement de s'installer à leur compte. Ils ont la chance de pouvoir exercer leur métier en ville comme à la campagne, voire même à l'étranger, le pain français étant apprécié dans le monde entier.
La boulangerie est un métier très créatif, permettant d'innover en toute liberté. L'artisanat permet de remarquables réussites : dès 22-23 ans, un boulanger peut s'installer à son compte ! Cette profession ne connaît pas le chômage.

› Des méthodes de plus en plus modernes

Les marchés d'avenir de la boulangerie sont la restauration hors domicile et le retour aux traditions, comme en témoigne le succès actuel du pain bio ou des pains obtenus à base de levain naturel. Les artisans privilégieront la qualité de l'accueil et du service pour fidéliser leurs clients.

L'application des 35h a nécessité une grande capacité d'adaptation de la profession. Les artisans n'hésiteront plus à s'inspirer des méthodes de gestion de la grande distribution pour une meilleure rentabilité de leurs commerces.

**Les diplômes sont portés à titre indicatif et ne sauraient constituer une référence puisque chez les Compagnons du Devoir, tout parcours professionnel est unique et personnalisé, adapté aux aspirations de chacun.*

Titres et diplômes

Niveau III et plus
- Préparation au concours MOF
- Licence Art & métier de bouche option pâtisserie
- Brevet de maîtrise

Niveau IV
- BAC pro Boulanger pâtissier
- BTM Pâtissier

Niveau V
- CAP Pâtissier
- MC Pâtisserie-glacerie-chocolatier-confiseur spécialisé

Emploi

Ouvrier pâtissier
Chef pâtissier
Chocolatier
Glacier

Responsable de production
Chef d'entreprise (artisan)
Responsable d'une ligne automatisée
Responsable R&D
Responsable qualité

Technico-commercial
Manager d'une unité commercial
Responsable de poste
Chef de rayon

Formateur professionnel

Pâtissier conseil (consultant)

PÂTISSIER

ALIMENTATION

› L'artiste des papilles

Le pâtissier élabore des pâtisseries, des viennoiseries, des glaces, des chocolats et des confiseries en appliquant ou en imaginant des recettes. Fréquemment, il prépare aussi des produits salés (quiches, pizzas...), des buffets traiteur.
La dégustation de pâtisserie est un instant de plaisir rare entre deux repas pris sur le pouce. De ce fait, on attend des pâtissiers l'alliance de qualités esthétiques, gustatives et olfactives. Il est primordial pour l'homme de métier d'exprimer un talent artistique compatible avec des aptitudes de rigueur et de précision.
Ce professionnel de l'alimentation fait carrière dans les pâtisseries artisanales ou industrielles, dans les ateliers des grandes surfaces et dans l'hôtellerie. Le secteur de la pâtisserie ne cesse de se développer grâce à l'élévation du niveau de vie. L'essentiel de la consommation du marché est représenté par les achats des familles.
Outre une hygiène rigoureuse, cette profession nécessite une grande habileté manuelle et de la créativité pour proposer une offre renouvelée, attrayante au premier regard. Les hommes du métier (et les femmes de plus en plus nombreuses) n'ont pas de contraintes géographiques quant à leurs possibilités de carrière, la profession étant installée sur tout le territoire.

› Une formation complète pour une reconnaissance internationale

Les jeunes désireux d'exercer ce métier débutent par un CAP* Pâtissier qu'ils peuvent compléter par une Mention Complémentaire pâtisserie, glacerie, chocolaterie, confiseries spécialisées. Ensuite, il existe aussi un Brevet Technique et un Bac pro Boulanger

pâtissier. Le Brevet de Maîtrise Pâtissier-Confiseur-Glacier-Traiteur couronne une formation exemplaire. Ces diplômes permettent à leur titulaire de travailler comme ouvrier qualifié, responsable de production, responsable de laboratoire ou artisan chef d'entreprise. Loin du spectre du chômage, les jeunes pâtissiers peuvent envisager des carrières extrêmement gratifiantes.
Depuis la fin du XIXe siècle, la renommée de la pâtisserie française étant sans égale, ses hommes de métier sont très recherchés. Le Tour de France est une excellente école pour les pâtissiers, de plus en plus appelés à travailler à l'international.
Les Compagnons pâtissiers (surnommés « Chiens blancs » par les autres Compagnons) reçoivent un surnom compagnonnique composé du nom de leur province natale et suivi d'une qualité désirée, par exemple « *Normand le Noble Cœur* ».

› Le haut de gamme, le futur du pâtissier ?

Le pâtissier de demain se différenciera par son souci de la nutrition à une époque où la minceur est impérative. De plus, le soin apporté aux conditionnements deviendra crucial alors que la notion d'esthétique s'impose de plus en plus dans ce métier. Pour une plus grande diversité de ses produits, le pâtissier devra adopter les nouveaux ingrédients comme les machines récentes. Dans une optique de pérennité, la pâtisserie devra se positionner sur le haut de gamme.

**Les diplômes sont portés à titre indicatif et ne sauraient constituer une référence puisque chez les Compagnons du Devoir, tout parcours professionnel est unique et personnalisé, adapté aux aspirations de chacun.*

Titres et diplômes

Niveau II et plus
- Diplôme national d'œnologue (DNO)

Niveau III
- BTS Productique bois
- BTSA Viticulture œnologie

Niveau IV
- BP des industries du bois
- BP Responsable d'exploitation agricole (viticulture, viniculture, élevage des vins)
- BM (UV générales)

Niveau V
- CAP Tonnelier

Emploi

Ouvrier tonnelier
Ouvrier foudrier
Chef d'équipe (ou de poste)
Chef d'atelier

Technicien de fabrication
Responsable qualité
Responsable de production
Artisan-chef d'entreprise
Chargé d'affaires

Maître de chais
Œnologue
Enseignant

› Favoriser le contenu

Comme la plupart des métiers participant au mouvement compagnonnique, la tonnellerie est aujourd'hui bien éloignée de sa forme primitive. Grâce à des consommateurs de plus en plus exigeants, les tonnelleries ne favorisent plus le contenant mais le contenu. Le tonnelier ne fabrique plus un simple fût mais un produit indispensable à la bonification des plus grands alcools du monde entier. La technologie tient une place importante au sein des tonnelleries. Des machines d'usinage numérique permettent de faciliter le travail, sans négliger la qualité et le savoir-faire du tonnelier. Les tonnelleries sont rentrées depuis longtemps dans la mondialisation. Il est courant que ses dernières exportent plus de 70 % de leur production.

› Devenir tonnelier

Le Tour de France est l'occasion de s'ouvrir aux autres, de se découvrir soi-même tout en découvrant son métier : on ne devient pas simplement un bon professionnel. Durant le voyage, il y a des rencontres, beaucoup de travail, de bons moments en passant de région en région et de spécialités en spécialités. Du fait d'une production grandement orientée à l'export, le futur Compagnon tonnelier ne se cantonne pas aux frontières françaises. Il a la possibilité de travailler dans la majorité des régions productrices d'alcool du monde entier : États-Unis, Écosse, Italie, Chili, Espagne, Australie, Chine, Afrique du Sud, etc. Il a aussi l'opportunité de se former au sein de chaque spécialité du métier : la merranderie (choix et débit du bois), la boissellerie (production d'objets de petite taille), la tonnellerie (production de fûts de 110 l à 500 l), la foudrerie (production de fûts de 600 l à 1 million de

litres) et l'œnologie (étude de la fabrication des alcools).
Les Compagnons tonneliers exercent des postes de responsable de production, de direction, d'enseignant, selon les choix qu'ils ont pris durant leur Tour de France et après celui-ci. Le Compagnon tonnelier connaît parfaitement le bois pour l'approvisionnement de la tonnellerie, maîtrise chaque poste de production, réalise le suivi en cave de son produit et a capacité à conseiller ses clients. Le tonnelier est capable d'écouter, de comprendre les personnes qui l'entourent et de s'adapter à toute situation de la vie quotidienne.

› Le choix du compagnonnage

La tonnellerie au sein du Compagnonnage du Devoir est une option tant au niveau personnel que professionnel. Le choix du compagnonnage n'est pas le choix d'un simple centre de formation mais plutôt d'une école de vie. Cet enseignement reçu au cours du compagnonnage fait des jeunes des hommes et femmes totalement intégrés dans la société actuelle.

**Les diplômes sont portés à titre indicatif et ne sauraient constituer une référence puisque chez les Compagnons du Devoir, tout parcours professionnel est unique et personnalisé, adapté aux aspirations de chacun.*

Tout **savoir** *sur...*

... Zoom sur quelques actions

› Expériences professionnelles (témoignages)

Söel KERIMICI, 21 ans réalise actuellement son Tour de France chez Les Compagnons du Devoir et est Aspirant plombier. Il témoigne sur son parcours pro :

« Grâce au parcours professionnel proposé par les Compagnons du Devoir, j'ai la chance de réaliser, pendant mon Tour de France, une formation me permettant de travailler six mois sur le terrain en tant que chef d'équipe et les six mois suivants en bureau d'étude. En parallèle de mes fonctions, je prépare un BTS. Avant d'en arriver là, j'ai été accompagné, notamment dans la façon d'orienter mon CV vers le poste visé. Je souhaitais intégrer un bureau d'études mais je n'avais qu'une vague idée de la fonction que j'occuperais. En effet, en évoluant sur le chantier, je n'avais pas vraiment la connaissance du fonctionnement d'un bureau d'études. Mon Tour de France me permet de développer une forte expertise technique et une expérience du terrain, compétences très recherchées en bureau d'études. Ma fonction m'aide également pour la réalisation de mon chef-d'oeuvre car il y a beaucoup de calculs et, en bureau d'études, le maniement des chiffres, le dessin, la formulation de devis font partie intégrante des missions qui nous sont confiées. Aujourd'hui, je souhaite poursuivre encore quelque temps mes études puis me lancer dans la reprise d'une entreprise. Pour ma part, je pense que c'est vraiment un parcours à faire, c'est génial et cela nous permet de nous préparer à des postes à responsabilités. »

› Unesco

L'Unesco a inscrit le compagnonnage, réseau de transmission des savoirs et des identités par le métier, sur la liste représentative du Patrimoine culturel immatériel.

Face à la mondialisation croissante, les mesures de protection du patrimoine culturel immatériel (PCI) sont un facteur important du maintien de la diversité culturelle. Connaître le patrimoine culturel immatériel de différentes communautés est utile au dialogue interculturel et encourage le respect d'autres modes de vie.

Le compagnonnage, réseau de transmission des savoirs et des identités par le métier, a donc été inscrit dans l'inventaire du patrimoine culturel immatériel de la France.
En effet, le compagnonnage constitue un système de transmission des connaissances par l'apprentissage et la formation, tout au long de la vie, connaissances qui s'adaptent sans cesse à l'évolution des environnements sociaux.
De plus, l'État et la communauté des Compagnons sont engagés dans des mesures de sauvegarde qui se concentrent, en particulier, sur la sensibilisation et l'information.
Son inscription sur la liste représentative suscite la promotion des échanges interculturels et sensibilise sur la pertinence des systèmes traditionnels de transmission des savoir-faire et savoir-être.

› Défi Innover ensemble

Le défi Innover ensemble est un atelier de projet conçu et mis en oeuvre par les Compagnons du Devoir et soutenu par la Fondation J.M. Weston. Son objectif est de favoriser l'innovation par le dialogue entre les métiers d'excellence manuels et les métiers de la conception par projet. Chaque année, des équipes de travail réalisent le développement d'un produit complet, depuis l'analyse de marché jusqu'à la stratégie de diffusion en passant par la création et le prototypage. Son modèle est interdisciplinaire et collaboratif.

Il a impliqué pour la session 2011 deux équipes, constituées chacune de maroquiniers Compagnons du Devoir, de designers de l'École Nationale Supérieure de Création Industrielle, et de managers de l'Institut Français de la Mode. Le sujet 2011 a été la création d'un sac de voyage pour homme, grand voyageur en déplacement régulier sur des séjours courts.

› Feed-back voyage

Je suis Aspirant tailleur de pierre du Devoir, dit *Provençal.*
Dans le cadre de mon Tour de France, je décide en 2009 de découvrir l'Australie. Arrivé à Sydney, mes recherches d'emploi m'orientent vers des entreprises de restauration de monuments et, par chance, la première est la bonne ! Et là, surprise, j'y retrouve d'autres Compagnons du Devoir qui, comme moi, ont décidé de découvrir cet immense pays. Nous passons de bons moments ensemble. Je suis chargé d'effectuer des travaux à l'ancienne prison transformée en chantier naval, et devenue aujourd'hui un site touristique. Ce sont de belles journées durant lesquelles je me

rends sur l'île en bateau. Le bateau est l'un des moyens de transport utilisés pour me déplacer, comme le train et la trottinette...
Après onze mois passés, je suis heureux de rentrer en France où ma famille m'attend. Toutefois, je projette de nouveaux départs. Je me suis enrichi en approchant d'autres cultures, d'autres langues, en côtoyant d'autres jeunes voyageant comme moi. Durant les moments difficiles, j'ai réfléchi sur moi, sur ma vie. Cette réflexion m'a permis d'acquérir une certaine maturité et de devenir plus confiant, plus fort. Je souhaite aux jeunes de partir à l'aventure à l'étranger, d'y rencontrer d'autres hommes, de voir d'autres paysages avec leur faune et leur flore. On y apprend à mieux se connaître et à prendre conscience de la richesse de notre belle planète.
Aspirant tailleur de pierre du Devoir
Provençal.

› Les apprentis à l'international

Témoignage d'un groupe d'apprentis menuisiers de Dijon sur un voyage de mobilité à Martos en Espagne : « Outre le fait d'avoir pu constater que la façon de travailler des Espagnols est très différente de la nôtre (eh oui, les Français sont minutieux), nous avons profité pleinement des lieux touristiques, dont Granada où nous avons eu la chance de visiter l'Alhambra, palais et forteresse des rois maures, ainsi que la plus grande usine de fabrication d'huile d'olive qui est réputée pour l'excellence de ses produits. Après trois semaines de travail ponctuées par des visites, des rencontres, des moments festifs, dans un décor de rêve, l'heure du départ a sonné ! La tristesse de quitter ce petit confort nous gagnait mais nous étions contents de retrouver nos familles à qui nous allions raconter cette expérience enrichissante et sympathique.»

› Les Olympiades des Métiers

Depuis plus de cinquante ans, des jeunes en formation chez les Compagnons du Devoir participent aux Olympiades des Métiers. Cette compétition internationale rassemble tous les deux ans des jeunes professionnels du monde entier pour déterminer les meilleurs d'entre eux.

Réaliser en temps limité des ouvrages qui concentrent les difficultés techniques de chaque métier : dextérité, précision, créativité, rapidité d'exécution, sang froid... voici des qualités qui font la différence ! Mais tout le monde peut participer à cette compétition : pas de diplôme requis, seul le talent compte. Un seul impératif : avoir moins de 23 ans.

Les Olympiades des Métiers comportent trois niveaux de sélection : régionale, nationale, internationale. L'enjeu est de taille puisque la France se trouve en concurrence avec pas moins de 53 pays. Mais preuve de la qualité de leur formation, de nombreux jeunes itinérants sont sur le podium national et même international !

Au-delà du concours, les Olympiades des Métiers encouragent les participants à se dépasser quotidiennement dans leur métier, à aller à la découverte du monde et à la rencontre des autres, objectifs communs avec notre système de formation. Être médaillé n'est pas une finalité.

Les Olympiades des Métiers restent aujourd'hui une expérience humaine d'exception d'où tous les participants ressortent grandis par l'effort et la rencontre.

www.worldskills-france.org

› Meilleurs Ouvriers de France

Certains Compagnons du Devoir participent et obtiennent le titre d'un des Meilleurs Ouvriers de France (abrégé « MOF »). Ce concours est organisé et reconnu en tant que diplôme de niveau III (BTS) par le ministère du Travail.
Unique au monde, cette distinction du savoir-faire a été créée en 1924, initialement entre les meilleurs Compagnons du moment âgés de plus de 23 ans. Aujourd'hui, par la diversité des spécialités régulièrement mise à jour, son ouverture aux métiers modernes et ceux de la haute technologie, le concours n'oblige pas d'être préalablement de la famille des Compagnons.
Ce concours demande des mois, voire des années de préparation. Dans cette épreuve spécifique de l'approche de la perfection, le candidat dispose d'un temps donné et de matériaux de base pour réaliser un chef-d'œuvre. La méthode choisie, l'organisation, le geste, la rapidité, le savoir-faire et le respect des règles du métier sont contrôlés par le jury autant que le résultat. Ce titre de prestige est autant reconnu par les professionnels que par le grand public.

Tout savoir sur...

... Autour des Compagnons du Devoir

› La Maison de l'Outil et de la Pensée ouvrière

➔ *Un musée unique au monde*

La Maison de l'Outil et de la Pensée ouvrière est, dans sa spécialité, le plus grand musée d'outils au monde. Elle possède en effet une collection de dix mille outils dits de façonnage à main des XVIIe, XVIIIe et XIXe siècles.

L'Hôtel Mauroy, construction de style Renaissance (1556) de toute beauté, abrite aujourd'hui la Maison de l'Outil et de la Pensée ouvrière et ce, depuis que la Ville de Troyes le confia aux Compagnons du Devoir du Tour de France en 1969.

Les soixante-deux vitrines du musée font découvrir à des milliers de visiteurs tous les ans une centaine de métiers manuels du passé. Témoins de l'évolution des techniques, les outils exposés amènent les hommes de métier à s'interroger sur leur pratique.

Chaque année, des expositions thématiques autour des familles de métiers présentées à la Maison de l'Outil et de la Pensée ouvrière sont organisées pour le grand plaisir du public. L'animation du musée, réalisation du Conseil régional et de la ville de Troyes, est confiée aux Compagnons du Devoir.

› Centre de la mémoire

Depuis le 5 décembre 2009, s'est ouvert à Angers le Centre de la mémoire de l'Association ouvrière des Compagnons du Devoir et du Tour de France. Dans un même lieu, sont désormais accessibles au public une collection d'objets compagnonniques, les archives de l'Association et des corps de métier, ainsi que le Centre national de ressources.

L'édification du Centre de la mémoire a été voulue initialement par les Compagnons du Devoir pour offrir notamment à la collection Édeline un lieu d'exposition digne de sa richesse. Cette collection d'objets compagnonniques d'exception a été léguée à l'association par René Édeline (1914-2005), dit *Tourangeau la Franchise*, Compagnon boulanger du Devoir, afin d'aider les jeunes Compagnons et le grand public à mieux comprendre l'histoire et les traditions du compagnonnage.

Le Centre de la mémoire conserve également les archives historiques, administratives et iconographiques de l'association et des corps de métier, entre autres. Elles sont mises à la disposition des chercheurs et historiens, mais également du grand public (sous conditions de consultation).

Le Centre de la mémoire héberge également le Centre national de ressources sur les métiers et leurs techniques.
Ce bâtiment à l'architecture ultra contemporaine, érigé à proximité de la Maison des Compagnons, se veut un témoignage du passé du compagnonnage, mais aussi et surtout un lieu de vie pour les jeunes, acteurs du compagnonnage du futur.

› Librairie

➔ *Découvrir la librairie*
Fondée en 1951, la Librairie du Compagnonnage contribue à faire connaître le compagnonnage et les métiers par sa double activité d'édition d'ouvrages contemporains ou de réédition d'ouvrages plus anciens, et celle de diffusion de tout ce qui concerne les techniques, les métiers et les hommes.

› Pôles multi-compétences

Pour devenir La grande école des Hommes de métier en compagnonnage, il faut disposer de lieux particuliers qui traitent de domaines de compétences nouveaux, transversaux à tous nos métiers, et qui disposent de moyens techniques et technologiques spécifiques. C'est la raison d'être des pôles multi-compétences.
Ainsi, les Compagnons du Devoir ont créé dans plusieurs de leur Maisons en France des pôles innovants et équipés des dernières technologies sur des thèmes liés aux techniques et savoirs des métiers de l'association. La spécialisation des sites permet des investissements et un travail en profondeur.
Ils apportent aux jeunes itinérants du Tour de France, aux Compagnons sédentaires, aux salariés d'entreprises en formation continue, et à toute personne qui le désire, une offre de formation de haut niveau sur des compétences transversales, dans les domaines de l'objet du pôle.

Comme pour les Instituts de métier, ils s'organisent autour de quatre thématiques :
- Rencontre : centrée sur le devenir des métiers (ouverture, écoute) ;
- Recherche : lieu de veille et d'expérimentation ;
- Mémoire : capitaliser, collecter l'information, centre de ressources ;
- Formation : penser les formations mises en œuvre sur place et dans les autres villes.

Aujourd'hui, trois pôles sont lancés :
- Un pôle en éco-conception à Lille qui propose une formation à l'éco-conception (initiation). Des conférences sur la mise en pratique d'éco-conception dans des entreprises. Un partenariat avec des entreprises pour l'ITE (isolation thermique extérieure). De nouvelles habitudes de consommation dans la maison des

Compagnons de Lille ;

- Un pôle sur les nouvelles technologies à Nantes qui propose une formation de base sur les NTIC (nouvelles technologies de l'information et de la communication). Des conférences sur les NTIC ;
- Un pôle sur la gestion des process à Colomiers qui propose un partenariat avec l'université d'Haguenau (Strasbourg) sur la méthode HACCP (Hazard Analysis Critical Control Point), analyse des dangers et des points critiques pour la maîtrise de la qualité des produits alimentaires.
  Un module de formation « S'initier à une démarche qualité ».
  L'organisation de visites d'entreprises.
  De nouvelles formations et de nouveaux axes de développement sont en cours.

Trois autres pôles sont en projet :

- À Paris, sur le thème du management ;
- À Reims, sur l'acquisition des langues étrangères et la préparation au voyage à l'international ;
- À Baillargues, sur le thème du bien-être au travail, l'ergonomie et la sécurité.

› Instituts

Depuis 1991, l'Association ouvrière des Compagnons du Devoir et du Tour de France se dote progressivement de structures spécifiques aux métiers, appelées instituts (supérieurs ou des métiers).

L'objectif des Compagnons du Devoir est de créer progressivement un institut pour chacun des métiers du Compagnonnage du Devoir. Fondés par les Compagnons du Devoir, les Instituts de métier sont des espaces privilégiés de rencontres, de recherche et de mémoire de formation. Neutres et représentatifs des métiers qu'ils accueillent, ils sont pôles d'innovation et centres d'expertise. Chaque institut est animé par un Compagnon reconnu comme expert dans son métier. Ces responsables s'appuient, entre autres lieux, sur le réseau des Maisons de Compagnons pour développer leurs actions. Ils veillent aux évolutions technologiques et à leurs répercussions dans les métiers. Ils proposent des colloques, des expositions, des journées techniques, des voyages d'étude et des échanges européens, animés par des intervenants en activité dans leur métier, spécialistes reconnus dans leur domaine. Enfin, ils proposent des stages de formation aux durées et aux contenus variés, adaptés aux besoins des entreprises.

À ce jour, quinze Instituts de métier sont à l'œuvre : Institut des Métiers du Goût, Institut des Métiers de la Carrosserie, Institut de la Charpente et de la Construction Bois, Institut Supérieur de la Couverture, Institut des Métiers de la Maçonnerie, Institut de la Maréchalerie, Institut Européen de la Menuiserie, de l'Agencement et de l'Ébénisterie, Institut Supérieur du Métal dans le Bâtiment, Institut des Matériaux Souples, Institut Supérieur de Recherche et de Formation aux Métiers de la Pierre, Institut Supérieur des Métiers du Plâtre, Institut des Métiers du Sanitaire et du Génie Climatique, Institut des Métiers de la Chaudronnerie et de la Tuyauterie Industrielle, Institut de la Mécanique de Précision et de l'Outillage, Institut des Métiers de la Mécanique et de la Mécatronique.

Tout savoir sur...

... Lexique

« Dis Lapin, ce soir, t'oublieras pas de donner au Prévôt le numéro de portable de ton Singe ». Il est vrai que les Compagnons font usage d'un vocabulaire spécifique, transmis de génération en génération, souvent incompréhensible pour le néophyte. Mais ce vocabulaire n'a rien de mystérieux ! Ainsi, la phrase ci-dessus pourrait se traduire par « Dis apprenti, t'oublieras pas de donner ce soir au responsable de la maison le numéro de portable de ton patron ». Un glossaire, non exhaustif, peut donc s'avérer utile pour mieux comprendre les Compagnons. Ils utilisent également des abréviations. Elles sont si nombreuses qu'il serait vain de vouloir ici toutes les mentionner. Aussi nous ne donnerons ci-dessous que quelques exemples, comme celles fréquemment visibles sur les blasons, pommeaux de canne et autre imagerie ancienne.

Lexique

AOCDTF
Association ouvrière des Compagnons du Devoir et du Tour de France

CDD
Compagnon du Devoir

TDF
Tour de France

BDTF
Bon Drille du Tour de France

UVGT
Union, Vertu, Génie (ou Géométrie), Travail

Adoption
Cérémonie pendant laquelle un jeune est « adopté » par la communauté des Compagnons et qu'il reçoit le titre d'Aspirant.

Apprenti
Jeune dans la phase de formation initiale d'un métier, préparant un CAP ou un BEP.

Ancien
Compagnon expérimenté, ayant voyagé, souvent sédentaire mais pas obligatoirement âgé.

Aspirant
Jeune effectuant son Tour de France et ayant été adopté, se préparant à devenir Compagnon.

Assises
Assemblée générale annuelle de l'Association.

Canne
Symbole du voyage et de la droiture ; elle est courte pour les Aspirants et plus longue pour les Compagnons.

Chaîne d'alliance
Dans une cérémonie, assemblée circulaire où les Compagnons disposés sur

un seul rang se donnent la main et forment ainsi les symboles de l'unité et de la fraternité.

Cayenne
Lieu de réunion des Compagnons de certains corps de métiers.

Chambre
Lieu de réunion des Compagnons de certains corps de métiers.

Collège des métiers
Structure interne de l'Association où sont développées les actions de formation, de recherche et de mémoire.

Congrès
Assemblée générale annuelle de tous les Aspirants et Compagnons d'un même corps de métier.

Conseil
C'est le conseil d'administration de l'Association, composé de cinq Conseillers, élus par les Compagnons : Conseiller au Collège des métiers (représentant des métiers), Conseiller au Tour de France (organisation des Maisons et des métiers), Conseiller à la trésorerie (gestion), Conseiller au secrétariat (administration), Premier Conseiller (Président).

Conseil d'orientation
Instance décisionnaire de l'Association, composée des membres du Conseil, des Provinciaux et des Délégués de métiers.

Conseiller
Compagnon élu, membre du Conseil ; il y a cinq Conseillers.

Corps de métier
Appellation générique donnée aux métiers, incluant les multiples spécialités et variantes de base de ces métiers.

Compagnon
Appellation donnée à l'Aspirant après sa Réception pour attester de son appartenance au compagnonnage.

Lexique

Coterie

Appellation générique donnée aux Compagnons travaillant en hauteur, souvent sur des échafaudages : tailleur de pierre, maçon, charpentier, couvreur, plâtrier, plombier.

Couleurs

Rubans portés en étole (en sautoir) sur lesquels sont imprimés les symboles de l'enseignement progressif du compagnonnage.

Dame-économe

Appellation donnée à la femme qui gère l'hôtellerie d'une Maison de Compagnons.

Dame-hôtesse

Appellation donnée à la femme qui gère l'hôtellerie et accueille les jeunes d'une Maison de Compagnons.

Délégué de métier

Compagnon élu, représentant de son corps de métier.

Délégué régional

Compagnon chargé de mission auprès du Conseil, responsable des actions de formation et de gestion d'une province (ou d'une région).

Drille

Qualificatif donné à quelques corps de métiers, soulignant le caractère jovial de ses membres.

Initiation

Ensemble des symboles proposés aux Aspirants et aux Compagnons pour leur cheminement humain.

Itinérant

Se dit d'un Aspirant ou d'un Compagnon effectuant son Tour de France.

Joints

Anneaux en or que portent certains Compagnons en souvenir de la liberté de circulation qui était accordée aux Compagnons au Moyen-Âge.

Geste de métier
Mouvement ou action permettant une réalisation technique spécifique.

Formation initiale
Première formation permettant d'accéder aux savoir-faire basiques d'un métier.

Lapin
Surnom donné aux apprentis ; le lapin est la languette de métal qui permet de tendre le cordeau. Traditionnellement, c'est l'apprenti qui tenait le lapin lors du battage au cordeau.

Maison
Appellation générique de l'habitation locale des Compagnons : point de passage ou Prévôté.

Maître d'apprentissage
Dans une entreprise, professionnel compétent désigné pour guider l'apprenti dans ses acquisitions de métier.

Maître Jacques
Ouvrier qui aurait participé au chantier voulu par Salomon et qui serait, selon la légende, l'un des fondateurs du compagnonnage.

Maître de métier
Compagnon qui représente localement son métier.

Maîtresse de Maison
Appellation d'une femme responsable de l'hôtellerie d'une Maison ou d'un point de passage.

Mère
Dans une Maison de Compagnons, la Mère est une femme reconnue par les Compagnons qui accueille les jeunes et est à leur écoute.

Nouvel itinérant
Appellation donnée au jeune débutant son Tour de France, avant qu'il soit Adopté.

Lexique

Pays
Appellation générique donnée aux Compagnons, autres que tailleur de pierre, maçon, charpentier, couvreur, plâtrier, plombier.

Perfectionnement
Action de formation pendant le Tour de France.

Point de passage
Très petite Maison des Compagnons ne comprenant que quelques Itinérants et pas de Prévôt.

Prévôt
Compagnon en fin de Tour de France, responsable d'une Maison de Compagnons.

Prévôté
Maison de Compagnons placée sous la responsabilité d'un Prévôt.
Les Prévôtés ont des capacités variables, comprises entre 30 et 120 jeunes.

Province
Unité géographique compagnonnique équivalant à une région française.

Provincial
Compagnon élu, bénévole, représentant les Compagnons du Devoir de sa province.

Réception
Cérémonie durant laquelle un Aspirant reçoit le titre de Compagnon.

Travail d'Adoption
Ouvrage de métier réalisé en vue de l'Adoption, témoignant d'un savoir-faire professionnel.

Travail de Réception
Ouvrage de métier réalisé en vue de la Réception, souvent appelé chef-d'oeuvre, témoignant d'un savoir-faire professionnel.

Règle
Ensemble des règles de conduite que doivent respecter les jeunes qui vivent et suivent une formation dans la Maison des Compagnons.

Résident (nouvel itinérant)

Jeune en apprentissage ou en perfectionnement logeant à la Maison des Compagnons.

Rôleur

Compagnon chargé d'une responsabilité particulière dans la vie de la Maison ou chargé de conduire les fêtes et les cérémonies.

Salomon

Roi d'Israël vers 950 av J.-C., qui entreprit de gigantesques chantiers et qui serait selon la légende l'un des fondateurs du compagnonnage.

Sédentaire

Se dit d'un Compagnon qui a terminé son Tour de France et qui s'est fixé en un lieu déterminé.

Singe

Surnom donné au patron. Au Moyen-Âge, les Compagnons charpentiers abattaient eux-mêmes les arbres dont ils mettaient ensuite le bois en oeuvre. C'est le patron qui montait à la cime de l'arbre pour la couper : ce surnom a traversé les siècles.

Soubise

Architecte qui aurait participé au chantier voulu par Salomon et qui serait, selon la légende, l'un des fondateurs du compagnonnage.

Symboles

Images qui permettent de comprendre le sens des valeurs partagées par les Compagnons : les symboles sont visibles sur la couleur du Compagnon.

Tour de France

Déplacement périodique de lieu de vie, de ville en ville, de pays en pays, permettant de multiplier les expériences professionnelles ainsi que les rencontres et les acquisitions générales et culturelles.

Voyage

Appellation générique du Tour de France.

Ouvrages d'intérêt général

BERNARD (Jean),
Le Compagnonnage : rencontre de la jeunesse et de la tradition.
Paris, PUF, 1972.

CANTALOUBE (Jacqueline),
Les Compagnons du Tour de France aujourd'hui.
Ouest France, 2002.

DE CASTÉRA (Bernard),
Le Compagnonnage - Culture ouvrière.
Que sais-je ? PUF, 2003.

HAUTIN (Christine) et BILLIER (Dominique),
Être Compagnon.
PUF, 2000.

ICHER (François),
Le Compagnonnage, une tradition d'avenir.
Éditions Grancher, 1989.

ICHER (François),
Les Compagnons – Citations et petites phrases pour découvrir le Compagnonnage.
La Martinière, mai 2003.

ICHER (François),
Les Compagnons ou l'amour de la belle ouvrage.
Gallimard « Découvertes », 1995.

ICHER (François),
99 réponses sur le Compagnonnage.
Montpellier, CRDP Languedoc-Roussillon, 2000.

Journal Mensuel
Compagnon du Devoir,
vente par abonnement au siège social

Site Internet
www.compagnons-du-devoir.com

Musées
Maison de l'Outil et de la pensée ouvrière
7 rue de la Trinité - 10000 Troyes

Musée du Compagnonnage
Cloître Saint-Julien - 8 rue Nationale - 37000 Tours

Siège social des Compagnons du Devoir
Association ouvrière des Compagnons du Devoir
et du Tour de France
82 rue de l'Hôtel-de-Ville - 75004 Paris

Réalisation

Association ouvrière
des Compagnons du Devoir et du Tour de France
82 rue de l'Hôtel-de-Ville – 75004 Paris
Téléphone : 01 44 78 22 50
communication@compagnons-du-devoir.com
www.compagnons-du-devoir.com

Achevé d'imprimer en janvier 2012
sur les presses de l'imprimerie Sprenger
68390 - Sausheim

Éditeur : Librairie du Compagnonnage
2, rue de Brosse – 75004 Paris - Tél. : 01 48 87 88 14
ISBN : 9782-357720-01-5
Dépôt légal : Janvier 2012